Dieter Buck

Der Bodensee für Wandermuffel

Weinberge bei Hagnau
am Bodensee.

Dieter Buck

Der Bodensee

für Wandermuffel

Einfach gemütlich unterwegs

Silberburg-Verlag

Alle Wegbeschreibungen erfolgen nach bestem Wissen und
Gewissen. Autor und Verlag können jedoch keine Haftung
übernehmen, auch nicht bei etwaigen Unfällen. Die Benützung
des Buches geschieht auf eigenes Risiko.

1. Auflage 2017

© 2017 by Silberburg-Verlag GmbH,
Schönbuchstraße 48, D-72074 Tübingen.
Alle Rechte vorbehalten.

Umschlaggestaltung: Björn Locke, Nürtingen,
unter Verwendung einer Fotografie von Jürgen Fälchle
(fotolia.com).

Kartengrundlage: Topographische Karte 1:100 000 –
© Landesamt für Geoinformation und Landentwicklung
Baden-Württemberg (www.lgl-bw.de), 06.2017,
Az.: 2851.2-A/1324., bearbeitet durch den Verlag.

Lektorat: Textwerkstatt Gabler, Esther Gabler, Steinenbronn.

Druck: Gulde-Druck, Tübingen.
Printed in Germany.

ISBN 978-3-8425-2050-9

Besuchen Sie uns im Internet und entdecken Sie
die Vielfalt unseres Verlagsprogramms:
www.silberburg.de

Ihre Meinung ist wichtig …

… für unsere Verlagsarbeit. Wir freuen
uns auf Kritik und Anregungen unter:

www.silberburg.de/Meinung

Inhalt

Hegau – Höri

Auf dem Bodanrück

Zwischen Bodman-Ludwigshafen und Meersburg

Inhalt

Zwischen Bodman-Ludwigshafen und Meersburg

Zwischen Meersburg und Lindau

Vorwort

Liebe Leserinnen, liebe Leser,

wandern ist »in« als Freizeitbeschäftigung vieler Personen, Freundesgruppen und Familien. Allgemein versteht man unter einer Wanderung meist eine längere Unternehmung, vielleicht über vier oder mehr Stunden, eventuell mit heftigem Bergauf und Bergab und vielleicht sogar auf wilden Pfaden.

Dem ist natürlich oft so. Trotzdem: Nicht jeder will solch eine Wanderung unternehmen, sei es, weil er selbst oder ein Mitwanderer die Kondition dazu nicht hat, sei es, weil die Zeit fehlt oder weil man einfach etwas gemütlicher unterwegs sein will, weil man etwas besichtigen, einkehren oder ausgiebig Pause machen und die Natur genießen möchte.

Deshalb sind in diesem Buch gemütliche Wanderungen beschrieben, die auch für Leute geeignet sind, die das wandern nicht ganz so ernst angehen. Für »Wandermuffel« eben. Sie sind aber nicht mit Spaziergängen zu verwechseln. Die hier beschriebenen Touren sind meist etwas länger, verlaufen zum Teil auch auf Pfaden und bringen manchmal auch etwas Höhenunterschied mit sich. Trotzdem sind sie im Gegensatz zu »richtigen« Wanderungen einfacher, kürzer und bequemer.

Alle Touren verlaufen auf der deutschen Bodenseeseite, vom Ufer der Höri über den Bodanrück und den Hegau bis in die Gegend um Lindau. Viele sind auch mit öffentlichen Verkehrsmitteln erreichbar, sodass man nicht unbedingt mit dem Auto anfahren muss.

Umso mehr können Sie diese Wanderungen genießen. Dazu wünsche ich Ihnen viel Vergnügen, immer ein gutes Wetter und viele angenehme Begegnungen.

Dieter Buck

Wallfahrtskirche Birnau

Blick vom
Hohenkrähen
zum Hohentwiel.

Einleitung
Zum Gebrauch dieses Buches

In diesem Buch sind kürzere und eher gemütlich zu gehende Wandervorschläge beschrieben. Die Zeitangaben der Strecken wurden wie folgt errechnet: Für vier Kilometer setzt man normalerweise rund eine Stunde an, für Anstiege macht man Zuschläge, wobei von 400 Meter Höhe, die in einer Stunde zu bewältigen sind, ausgegangen wird.

Bei diesem Buch wurde aber etwas großzügiger gerechnet und eher aufgerundet – gemütlich ist halt nun mal gemütlich, und bei den doch meist kürzeren Strecken ist auch keine Eile angebracht. Man soll einen »Wandermuffel« ja auch nicht überfordern …

Die Wanderungen in diesem Buch sind meist etwa zwei bis drei Stunden lang. Sie verlaufen nicht nur auf festen, geschotterten oder asphaltierten Wegen, sondern teilweise auch auf unbefestigten Pfaden. Höhenunterschiede fallen zwar bei der einen oder anderen Tour durchaus an, aber nicht übermäßig. Wie der Weg beschaffen ist, wird im Infoteil jeder Tour genannt. Bei den Angaben zur Länge und Dauer der Strecke und den Höhenunterschieden handelt es sich um ungefähre Zahlen; individuelle Abweichungen sind natürlich möglich.

Legende

Etwas zum Schmausen

Etwas zum Anschauen/ Staunen/Mitmachen

Einkaufsmöglichkeit

Badespaß

Hegau – Höri

Ausblick zum Hohenhewen.

Zwei Burgruinen auf einen Schlag

Duchtlingen/Parkplatz – Duchtlingen – Hegaukreuz – Ruine Mägdeberg – Ruine Hohenkrähen – Parkplatz

Ausgangspunkt:
Duchtlingen (Parkplatz an der K 6125 zwischen Duchtlingen und Hegauhaus), GPS-Koordinaten: 47.790332, 8.814177

....

Schwierigkeitsgrad: Mittel

....

Kurzinfo: So einfach wie bei dieser Tour kann man im Hinterland des Bodensees sonst keine zwei Burgruinen auf einmal besichtigen – obwohl zu jeder etwas Aufstieg nötig ist. Von den Ruinen, aber auch vom Hegaukreuz aus hat man einen weiten Blick über die Gegend, vom Hohenkrähen sieht man nicht nur bestens zum Hohentwiel, sondern auch den Bodensee. Fast ständig hat man auch den Doppelgipfel des Hohenstoffeln vor Augen.

....

Empfohlene Karte: Wanderkarte Hegau (LGL).

....

Sonstiges: Wir wandern auf festen Wegen und Sträßchen, aber auch auf Pfaden. Bei Regen, Schnee oder Eis sollte man auf den Aufstieg zur Ruine Hohenkrähen verzichten. Der Weg zur Ruine ist steil und felsig, aber gut durch ein Geländer mit Drahtseil gesichert. Ohne diesen Aufstieg sind es 70 Höhenmeter weniger.

....

Grillmöglichkeiten:
Ruine Mägdeberg.

↔ 9 km

🕐 3 h

⛰ 330 m

🍴 Duchtlingen, Hegauhaus

Vom *Parkplatz* aus gehen wir im Wald kurz nach Norden bis zur Verzweigung des Weges, dahin kommen wir später auch wieder zurück. An der Verzweigung biegen wir jetzt allerdings links ab, verlassen bald den Wald und überqueren die Straße.

Der **Hegau** ist eine Landschaft nordwestlich des Bodensees, die wegen ihrer geologischen Vergangenheit ihresgleichen sucht. Sind doch die markanten Berge hier ehemalige Vulkankegel. Einige von ihnen sind auch von Burgen gekrönt. Wegen seiner besonderen Gestalt wird der Hegau auch »des Herrgotts Kegelspiel« genannt. Die **Halbinsel Höri** mit ihrem kleinteiligen Wechsel zwischen Wiesen, Baumwiesen, Äckern, Mooren und Waldstücken ist eine topografisch abwechslungsreich gegliederte und idyllische Landschaft. Immer wieder hat man von den Höhen einen schönen Blick zum Bodensee und in die Schweiz. Durch die vom See abgegebene Wärme gibt es hier eine reichhaltige Vegetation. Viele Künstler wurden und werden von der Höri angezogen; die bekanntesten sind Hermann Hesse und Otto Dix, die zeitweise hier wohnten.

Dahinter folgen wir im Wald dem nach rechts ziehenden Weg. Etwas später nehmen wir an der *Verzweigung* den rechten Weg. Er führt erst geschottert weiter, dann geht er in einen Grasweg über. Nach dem Wald wandern wir hinab zur Singener Straße am Ortsanfang von *Duchtlingen*. ❶ Wir folgen nun der Singener Straße durch den Ort hindurch. Am *Alten Rathaus* biegen wir links ab und gehen gleich nach der *Kirche* rechts in die Hegaustraße.

Die Kirche St. Gallus in **Duchtlingen** geht auf eine Kapelle zurück, die bereits um 800 vom Kloster St. Gallen errichtet wurde. Das heutige Bauwerk wurde im 15. Jahrhundert im

Malerische Hegaulandschaft.

Stil der Gotik errichtet und 1724 bis 1736 barockisiert.

Diese überquert gleich darauf die Durchgangsstraße und führt geradeaus durch das Wohngebiet hindurch. Danach wandern wir zwischen den Feldern auf die bald sichtbare Ruine Mägdeberg zu; nach links sehen wir weiterhin zum Hohenstoffeln.

Ruine Mägdeberg.

Bei einem *Flurkreuz* ❷ biegen wir mit dem Wanderzeichen gelbe Raute links ab und steigen hinauf in Richtung »Hegaukreuz«. Am Ende des Feldwegs queren wir einen Wall und sind gleich darauf am Wanderschild *Hegaukreuz* (661 m); hier halten wir uns rechts zum 1968 errichteten *Hegaukreuz*. ❸ Von ihm aus haben wir einen prächtigen Rundumblick. Im Norden sehen wir mit dem Hohenhewen und seiner Burgruine einen weiteren der Hegauvulkane.

Nun wandern wir geradeaus weiter. Bald fällt der schmale Pfad steil ab, es geht durch Wiesen und Waldstücke bis vor den Hügel, der die Ruine Mägdeberg trägt. Wir gehen hier erst

rechts am Waldrand entlang, dann weisen uns die Wanderzeichen in den Wald. Nun steigt es etwas an bis zu einem breiten Querweg. Nach links bringt er uns hinauf zur *Ruine Mägdeberg*.

Bei der **Ruine Mägdeberg** ❹ gab es bereits in vorgeschichtlichen Zeiten eine Kultstätte, und es wurden Siedlungen aus der älteren Hallstatt- und der Latènezeit nachgewiesen. Der Name der Ruine erinnert an den heidnisch-keltischen Kult der drei Beten, gemeint sind jungfräuliche Muttergottheiten (althochdeutsch bedeutet »magad, magid« »Jungfrau«); ihr Kult ist

Ruine Hohenkrähen.

während der Völkerwanderung von den Alamannen übernommen worden. Nach der Christianisierung im Mittelalter wurde er durch eine Marienwallfahrt (für die hl. Ursula) abgelöst, die bis 1378, der ersten Zerstörung der Burg, stattfand. Die Anlage gelangte mit anderen Teilen des ehemaligen Herzogsgutes im Hegau im 8. Jahrhundert an das Kloster St. Gallen und auf dem Tauschweg um 920 an das Kloster Reichenau. In den folgenden vier Jahrhunderten (1258 bis 1634) wechselte sie mehrfach den Besitzer und ist dreimal zerstört worden. Im Dreißigjährigen Krieg wurde die Burg 1634 von Konrad Widerholt, dem Kommandanten der Festung Hohentwiel, zusammen mit der Burg Hohenkrähen abgebrannt.

Nach der Besichtigung gehen wir auf dem breiten Weg hinab zum *Parkplatz*. Dort biegen wir links ab und wandern bis zu einem *Flurkreuz* und dem Wanderschild *Mägdeberghof* (561 m). 5 Hier biegen wir rechts ab. Wir folgen zuerst einem Feldweg, vorbei an einem kreuzgekrönten Hügel, bis der Weg aufhört. Hier werden wir nach links auf einen Naturpfad verwiesen, der gleich wieder nach rechts zieht. Bei Feuchtigkeit kann er ziemlich schmierig sein. Wir folgen ihm durch den Wald, vorbei an Baumwiesen bis zum Zufahrtsweg zum *Altkrähenhof*. Hier geht es später am Wanderschild *Hohenkrähen* (550 m) nach rechts in Richtung »Hegauhaus« weiter.

Zur Besichtigung der Burgruine Hohenkrähen halten wir uns aber links. Wir gehen durch den *Altkrähenhof* hindurch – beim linken Haus sollte man die Kanonenkugel in der Wand beachten –, danach steigt es steil an.

Die **Burg Hohenkrähen** 6 wurde auf vulkanischem Fels um 1180 bis 1190 von den Edlen von Friedingen erbaut. Sie nannten sich danach »de Craien«, daraus wurde »von Krähen«. Als Gottfried von Krähen 1307 beim Schlossbrand in Bodman ums Leben kam, starb diese Familie aus und die Friedin-

ger übernahmen wieder die gesamte Herrschaft. Im 15. Jahrhundert wurde die Burg zum Raubritternest. Die Herren von Friedingen, die bis ins 16. Jahrhundert auf der Burg saßen, gehörten zusammen mit den Klingenbergern zu den berüchtigtsten Raubrittern des Hegaus. Später wurde die Burg zerstört, 1518 erwarb Österreich die Burg und baute sie wieder auf. 1632 eroberte sie der Kommandant Löscher von Hohentwiel, 1634 wurde sie von seinem Nachfolger, dem Kommandanten Konrad Widerholt, endgültig zerstört.

Nachdem wir von der Ruine herabgestiegen sind, gehen wir am Wanderschild geradeaus vorbei und kommen bald in den Wald. Dort treffen wir kurz darauf auf die von Anfang her bekannte *Verzweigung*, bei der wir nach links in wenigen Minuten zurück zum *Ausgangspunkt* gelangen.

Tipps für unterwegs

🍴 **Restaurant Café Hegauhaus:**
www.hotel-hegauhaus.de

👁 **Burgruine Hohentwiel:**
www.festungsruine-hohentwiel.de

👁 **Hohentwieler Vulkanpfad:**
www.singen-kulturpur.de

👁 **Archäologisches Hegau-Museum:**
www.singen-kulturpur.de

🛒 **Domäne Hohentwiel Schäferei und Hofladen:**
Tel. (0 77 31) 18 14 06, E-Mail: domaene-hohentwiel@gmx.net

〰 **Aach-Flussbad Singen:**
www.in-singen.de

〰 **Freibad Hilzingen:**
www.hegau.de

Blick über den Untersee.

Zum Naturschutz-
gebiet Hornspitze

Iznang – Wasserturm – Horn – Hornspitze – Iznang

Ausgangspunkt: Iznang (Strandbad),
GPS-Koordinaten: 47.714302, 8.963080

....

Schwierigkeitsgrad: Leicht

....

Kurzinfo: Bei dieser Tour kann man den
Bodensee in zwei verschiedenen Perspekti-
ven genießen: Zuerst hat man von der Höhe
herab einen Blick über die Felder und über
Iznang auf den See, aber am schönsten ist
wohl die Aussicht vom Wasserturm aus.
Am Schluss wandert man in Ufernähe
durch das herrliche Naturschutzgebiet
Hornspitze. Interessant ist auch das abwechslungsreiche Mosaik der verschiedenen auf den Feldern angepflanzten Früchte auf dem Weg
zum Wasserturm. Zuerst wandern wir durch das Landschaftsschutzgebiet
Schiener Berg, zurück durch das Naturschutzgebiet Hornspitze.

9 km

3 h

140 m

Iznang, Horn

....

Empfohlene Karte: Wanderkarte Westlicher Bodensee (LGL).

....

Sonstiges: Wir wandern überwiegend auf festen Wegen; kurze
Stellen sind unbefestigt. Einen
Ausweichparkplatz findet man am
Wasserturm. Auf dem Bodensee-Wanderweg ab Horn muss an schönen Tagen
mit zahlreichen Fahrradfahrern gerechnet
werden. Strandbad am Ausgangspunkt, auf
dem Rückweg kommt man an einem freien
Badeplatz vorbei.

....

Grillmöglichkeiten: Wasserturm Horn.

....

Öffentliche Verkehrsmittel: Bus.

Wasserturm in Horn.

Nach dem Flurkreuz und den links liegenden Gebäuden knickt die Straße rechts ab. Gleich darauf, an ihrer Rechtskurve und dem Flurkreuz, orientieren wir uns links in den Feldweg. ❶ Er bringt uns in den Wald, wo wir im Widdumweg sanft bergauf wandern. Am Waldrand folgen wir dem Feldweg geradeaus durch die Felder bis vor den nächsten Querweg kurz vor dem Wald. Diesem folgen wir nach links. Nach einem Waldstück steht links das Wanderschild *Blatt* (485 m). ❷

Hier werden wir nach links in Richtung »Wasserturm Horn« verwiesen. An der Verzweigung kurz darauf halten wir uns rechts und wandern – immer mit Blick nach links zum See – bis zu einem Sträßchen, das wir bei einer kleinen

Wir gehen vom *Parkplatz* aus zurück zur Landstraße und halten uns rechts. Gleich darauf biegen wir mit dem Wanderzeichen gelbe Raute links ab in die Straße Im Mettental. Sie zieht nach links aus dem Ort hinaus. Vor dem Schild *Wasserschutzgebiet* gehen wir zwischen den Feldern nach rechts hinauf, die letzten Meter auf einem Pfad, bis zu einem Asphaltsträßchen. Hier halten wir uns links.

Ruhepause am See.

Kapelle **3** erreichen. Wir folgen der Straße nach links, kommen am Schild beim *Wasserturm Horn* (470 m) vorbei, und erreichen danach den *Parkplatz*, von dem aus es nach links zum *Wasserturm* geht.

Der **Wasserturm Horn** **4** bietet nicht nur einen prächtigen 360-Grad-Rundumblick über die Landschaft, sondern auch auf den Untersee. Auf der Aussichtsplattform sind Panoramatafeln angebracht, die die Aussicht erklären. Davor liegt ein schöner Rastplatz mit Grillgelegenheit und Bänken.

Wir folgen dem Sträßchen nun geradeaus nach *Horn* hinein. An der querenden Hauptstraße biegen wir rechts ab, vorher empfiehlt es sich aber noch, geradeaus der Kirchstraße zu Kirche, Pfarrhaus und Pfarrscheune zu folgen.

In **Horn** **5** wäre der Großherzog von Baden gerne Pfarrer geworden, wenn er nicht schon Großherzog gewesen wäre. Wenn man den Blick von der Kirche auf den Untersee mit der Insel Reichenau, ans Schweizer Ufer und nach Konstanz genießt, weiß man auch warum. Die 1155 erwähnte Pfarrkirche St. Johannes d. T. und St. Veit wurde im 16. Jahrhundert unter Einbeziehung romanischer Teile im Stil der Spätgotik neu erbaut. Um 1700 wurde sie in eine barocke Saalkirche umgebaut. Der Hochaltar stammt von 1719. Sehenswert ist eine Madonnenstatue von etwa 1500. Die beiden beidseitig bemalten Altartafeln stammen aus dem Konstanzer Münster. Sehenswert sind auch die Grabmäler der Konstanzer Obervögte (17./18. Jh.) sowie die farbig gefassten metallenen Epitaphe. Die Tür zur Sakristei stammt aus dem

ehemaligen Kloster Grünenberg.
Das mächtige Pfarrhaus mit seinem rundbogigen Weinkellerzu-
gang stammt von 1660 und wurde
1776 umgebaut. Dazu gehört eine
Fachwerkscheune von 1760. Im Ort
findet man noch Fachwerkhäuser
aus dem 17. bis 19. Jahrhundert.

Zurückgekehrt zur Hauptstraße
gehen wir links weiter. Wo es kurz
darauf vor der Rechtskurve links
zum Friedhofsparkplatz abgeht,
spazieren wir mit der gelben Raute
auf dem schmalen, geradeaus weiter-
führenden Fuhrmannsweg steil bergab. Bald steht rechts ein mächtiger
Mammutbaum (s. Tour 5), der hier
glänzende Wachstumsbedingungen
vorgefunden hat.

Kurz nach ihm biegen wir am Schild
Horn Hörnliweg (416 m) **6** links ab.
Nach dem *Hotel* kommen wir hinaus
ins *Naturschutzgebiet Hornspitze*.

Im Naturschutzgebiet **Hornspitze** **7** leben zahlreiche seltene
Pflanzen und Tiere. Im flachen
Uferbereich findet man Röhrich-
te, Sumpf- und Streuwiesen, Au-
enwald und feuchte Mähwiesen.
In den Streuwiesen wachsen das
Fleischrote Knabenkraut und der
Lungenenzian. Rund zwei Drittel
des Naturschutzgebietes nimmt
die Flachwasserzone ein. Sie besitzt eine europaweite Bedeutung
für die Vogelwelt; so leben hier im
Winter über 10 000 Blesshühner,
Haubentaucher, Schwarzhalstau-

Fachwerkwinkel in Horn.

cher, Zwergtaucher, Teichrohrsänger, Drosselrohrsänger, Wasserrallen und andere Wasservögel. Auch Grauspecht, Pirol, Nachtigall und zahlreiche Insektenarten fühlen sich hier wohl. Die Gegend ist auch ein archäologisches Reservat, denn in der Flachwasserzone fand man rund 6000 Jahre alte Reste von Pfahlbausiedlungen, die zu den ältesten am Bodensee gehören.

Nun müssen wir im Prinzip nur noch gemütliche 1,5 Stunden dem Bodensee-Wanderweg folgen. Wir kommen am Schild *Gundholzen Frondwiesen* (402 m) vorbei, kurz danach kann man nach rechts hinaus zu einem schönen *Badeplatz* **8** gehen. Ansonsten folgen wir dem Weg weiter bis zurück zum *Ausgangspunkt*.

Tipps für unterwegs

👁 **Stadtmuseum Radolfzell mit dem Kuriositäten-Kabinett:**
www.radolfzell.de/stadtmuseum

👁 **Salzgrotte Radolfzell:**
www.salzgrotte-radolfzell.de

👁 **Geocoaching-Touren in Gaienhofen:**
www.gaienhofen.de

〰 **Strandbad Iznang und Strandbad Moos:**
www.moos.de

〰 **Strandbad Horn:**
www.gaienhofen.de

Blick über den
Schiener Berg.

Über den
Schiener Berg

Wangen/Parkplatz Maßholder – Langenmoos – Parkplatz Zielhag – Aspenhof – Unterbühlhof – Parkplatz

Ausgangspunkt:
Wangen (Parkplatz Maßholder,
beim Oberbühlhof),
GPS-Koordinaten: 47.679413, 8.916899

Schwierigkeitsgrad: Leicht

↔ 8 km

🕐 2,5 h

▲ 220 m

Kurzinfo: Ein Teil dieser Wanderung verläuft auf einem prächtigen Panoramaweg, von dem aus wir einen schönen Blick über den Untersee auf das Schweizer Ufer und weiter zu den Schweizer Alpen haben. Ansonsten wandern wir durch das Landschaftsschutzgebiet Schiener Berg zwischen Wiesen und Feldern und durch den Wald. Wer will, kann diese Wanderung auch zu einer 1-Stunden-Tour abkürzen.

Empfohlene Karte: Wanderkarte Westlicher Bodensee (LGL).

Sonstiges: Wir wandern auf Forstwegen und Sträßchen, aber auch auf Naturpfaden. Ein Ausweichparkplatz ist der Parkplatz Zielhag. Die kurze Variante ist vier Kilometer lang, bringt 140 Höhenmeter mit sich und dauert etwas über eine Stunde.

Grillmöglichkeiten:
Ausgangspunkt.

Naturschutz steht. Auch Kunst und Kultur fanden hier eine Heimat, gefiel es Anfang des 20. Jahrhunderts den Künstlern auf der Höri doch ausnehmend gut. Bekannte Namen sind neben dem Schriftsteller Hermann Hesse die Maler Otto Dix, Helmuth Macke, Max Ackermann, Erich Heckel und viele andere.

Am *Parkplatz Maßholder* (615 m) nehmen wir den in den Wald hineinführenden Weg. Gleich darauf halten wir uns an der Verzweigung mit dem Wanderzeichen gelbe Raute links. Nun steigt es parallel zum Bach immer an bis zu einem querenden Forstweg. Er bringt uns nach rechts zum Wanderschild *Maßholder Schorengrabenweg* (685 m). **1**

Hier halten wir uns rechts. Bald verlassen wir den Wald und spazieren durch die Felder zum *Hof Langenmoos* (688 m). **2** Dort biegen wir am Wanderschild rechts ab. Nun folgen wir dem Zufahrtssträßchen abwärts. Wir kommen ein Stück durch den Wald, danach geht es zwischen Wiesen und mit schönem Blick auf die Schweizer Berge hinab.

Diese Wanderung findet auf der **Halbinsel Höri** statt, über die der Dichter Josef Viktor von Scheffel einst sagte: »Allum ist's fein und schön, hier ist vom Weltenschöpfer ein Meisterwerk gescheh'n.« Vor allem am Ufer entfaltet die Natur ihre Schönheit mit schilfbewachsenen Uferstreifen, Pappelalleen, dazu Gemüsefeldern, dies gilt aber auch für die Wälder des Schiener Bergs. Zwischen den gepflegten Feldern findet man häufig naturnahe Wiesen, die auch als Weiden genutzt werden. Seltene Vogel- und Pflanzenarten leben am Uferstreifen, der mitsamt der Hornspitze fast vollständig unter

Der nach dem Ort Schienen benannte, rund 715 Meter hohe **Schiener Berg** auf der Halbinsel Höri zwischen Zeller See und Untersee weist eine landwirtschaftlich genutzte, aber ansonsten noch weitgehend unberührte Natur auf. Er ist als Landschaftsschutzgebiet eingeordnet. An seinem Südhang liegt eine berühmte Fossilienfundstelle: Dort fand 1726 der Zürcher Stadtarzt und Naturforscher Johann Jakob Scheuchzer (1672–1733) das etwa ein Meter große versteinerte Skelett eines vor 14 Mio. Jahren lebenden Riesensalamanders. Es wurde von ihm als »Homo diluvii testis« – als ein »betrübtes Beingerüst von einem alten Sünder« aus der Zeit der »Sündfluth« gedeutet. Auf ihm baute er seine Theorie des »Sintflutmenschen« auf.

Wo wir auf ein querendes Sträßchen treffen ③, können wir die Tour abkürzen, indem wir nach rechts zurück zum Parkplatz gehen. Ansonsten biegen wir links ab. Wir wandern am *Unteren Salenhof* vorbei, danach behalten wir an der Linkskurve der Straße unsere Richtung bei und gehen geradeaus zum *Parkplatz Zielhag* (530 m). ④

Hier folgen wir weiter dem Sträßchen. Es zieht bald etwas nach rechts und bringt einen herrlichen Panoramablick mit sich: Nach links sehen wir den Untersee; die Hügel dahinter gehören zur Schweiz. Wir wandern am *Aspenkreuz* (516 m) vorbei, dahinter kommen wir zum *Aspenhof* (505 m). ⑤ Vor ihm knickt die Straße rechts ab.

Gleich danach zweigen wir am Schild *Nässe* (505 m) rechts ab. Nun wandern wir auf einem Naturpfad zwischen Wiesen, Feldern und entlang von Hecken immer nach Norden. Links unten fließt der Klingerbach. Schließlich überqueren wir in einer Linkskurve den Bach, verlassen ein Waldstück und erreichen den *Unterbühlhof*. ⑥ Hier folgen wir dem Sträßchen nach rechts.

Nach etwas Anstieg biegen wir in eine querende Straße links ein und sind kurz darauf zurück am *Ausgangspunkt*.

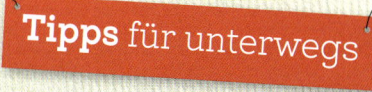

Tipps für unterwegs

👁 **Bergdorf Schienen:**
www.oehningen-tourismus.de

👁 **Museum Fischerhaus in Wangen:**
www.oehningen-tourismus.de

〰 **Strandbad Öhningen:**
www.oehningen-tourismus.de

〰 **Strandbad Wangen:**
www.oehningen-tourismus.de

Ausblick aufs
Schweizer Ufer.

Über die Höri zum Hermann-Hesse-Haus

Gaienhofen – Balesheim – Dreiländereck – Honisheim – Hemmenhofen – Gaienhofen

Ausgangspunkt:
Gaienhofen (Erlenlohweg 1),
GPS-Koordinaten: 47.680646, 8.979589

Schwierigkeitsgrad: Mittel

Kurzinfo: Gaienhofen mit seiner Umgebung ist nicht nur landschaftlich eine Perle, sondern auch kulturhistorisch von Bedeutung. Haben doch Hermann Hesse, an dessen Haus die Tour vorbeiführt, und andere Künstler hier gewohnt und sich von der Bodenseelandschaft inspirieren lassen.

↔ 8 km

🕐 2,5 h

⛰ 260 m

🍴 Gaienhofen

Empfohlene Karte: Wanderkarte Westlicher Bodensee (LGL).

Sonstiges: Wir wandern auf festen Wegen und Naturpfaden. Die Parkmöglichkeiten im Zentrum von Gaienhofen sind werktags und bis Samstag 13 Uhr zeitlich beschränkt. Man kann am östlichen Ortsanfang von Gaienhofen oder auf dem Waldparkplatz vor Honisheim parken. Die Tour ist ab dem Abzweig des Erlenlohwegs von der Durchgangsstraße (Hauptstraße) beschrieben. Wer bis Honisheim die kurze Variante nimmt, wandert 80 Höhenmeter und einen Kilometer weniger. Wer das Hermann-Hesse-Haus besichtigen will, sollte sich bei seiner Wanderung an den Öffnungszeiten orientieren.

Öffentliche Verkehrsmittel: Bus.

ir folgen dem Erlen-
lohweg, der anfangs
steil bergauf führt. Am
Wanderschild *Hermann-Hesse-Weg*
(415 m) **1** kommen wir später von
links zurück. Links des Wegweisers
finden wir in dieser Straße auch das
Hermann-Hesse-Haus.

Wir gehen aber im Erlenlohweg weiter aufwärts. Dabei ignorieren wir,
dass das Wanderzeichen gleich nach
rechts zeigt. Bei den letzten Häusern
biegen wir bei *Haus Nr. 23* rechts ab
und gehen auf den Wald zu. Nun
wandern wir am Waldrand entlang
und stoßen kurz nach dem Wald
auf eine Straße. **2** Hier biegen wir
rechts ab.

An der nächsten Straße gehen wir
nach rechts weiter, an der Querstraße
halten wir uns links und kommen
zum Schild *Balesheim Wegkreuz*

(460 m). **3** Hier biegen wir links ab.
Vor dem *Balesheimer Hof* knickt der
Weg rechts ab, am nächsten Wanderschild halten wir uns links. Wir
durchqueren den Hof und kommen
dahinter in den Wald.

Nun steigt es etwas an bis zum
Schild *Buchbühl* (526 m). Wer abkürzen will, geht hier nach links nach
»Honisheim«, ansonsten wandern
wir noch geradeaus weiter. Nach
einer Lichtung steigt es an und wir
kommen zum Schild *Dreiländereck*
(597 m). **4** Hier biegen wir scharf
links in den ersten links abgehenden
Weg ein.

Er führt uns als Naturweg durch den
Wald. Nach einem hohlwegartigen
Abschnitt verlassen wir den Wald
und wandern nach links nach *Honisheim*, wo sich beide Varianten vereinigen. Dort treffen wir in jedem
Fall auf das Schild *Hof Honisheim* (542 m). **5** Wir gehen bei
der kurzen Variante geradeaus
an ihm vorbei, bei der längeren
biegen wir rechts ab.

Bauernhof
mit bemalter
Fachwerkfassade.

Nach der Ansiedlung verzweigt sich der Weg. Am links abgehenden Weg befindet sich der erwähnte Alternativparkplatz, wir wandern aber geradeaus weiter. Nachdem von rechts ein Feldweg eingemündet ist und links der Wald aufhört, biegen wir links in Richtung »Hemmenhofen« ab.

Nun geht es abwärts. Der Weg führt uns in den Wald, wo wir bald ignorieren, dass der mit der gelben Raute markierte Wanderweg rechts abknickt. Wir wandern stattdessen noch geradeaus weiter. Bald verlassen wir den Wald und kommen vor den *Mühlbachhof*. ⑥ Hier halten wir uns rechts. Bald geht es mit schönem Blick auf den Untersee und das Schweizer Ufer abwärts. Nach dem *Wasserbehälter* biegen wir vor den ers-

Auf der Höri.

ten Häusern links ab. **7** Nach dem Wohngebiet führt der Weg als Feldweg weiter, kurz darauf werden wir jedoch mit dem Zeichen des Bodensee-Wanderwegs nach rechts auf einen Pfad verwiesen.

Wir wandern kurz durch den Wald, dann wieder durch ein Wohngebiet. Bald liegt rechts das *Hermann-Hesse-Haus*.

Das 1907 errichtete **Hermann-Hesse-Haus 8** ist das einzige Haus, das sich der Schriftsteller selbst gebaut hat. Geplant wurde es nach den Ideen der Reformarchitektur zu Beginn des 20. Jahrhunderts. Die Familie Hesse lebte bis 1912 darin. Hier befindet sich auch der Garten, den Hesse selbst geplant und zum Zweck der Selbstversorgung mit Beeren, Gemüse, Obstbäumen und zahlreichen

Blumenrabatten angelegt hat. Die jetzigen Eigentümer haben den vorher verwahrlosten Garten nach Hesses Plänen wiederhergestellt. Heute ist es ein Nutzgarten mit alten Sorten und mit Heilpflanzen.

Danach erreichen wir wieder das Wegschild *Hermann-Hesse-Weg*. Ab hier geht es nach rechts auf bekanntem Weg zurück.

Die St.-Mauritius-Kapelle in **Gaienhofen** wurde um 1500 erbaut. Sie besitzt Maßwerkfenster, einen Dachreiter und einen Renaissance-Altar aus der Zeit um 1600. Am Bodensee-Ufer liegt das 1295 erstmals genannte Schloss. Es ging aus einem Wasserschloss hervor. 1497 bis 1803 war es Sitz des konstanzisch-bischöflichen Obervogteiamtes. Es brannte im Dreißigjährigen Krieg ab und wurde

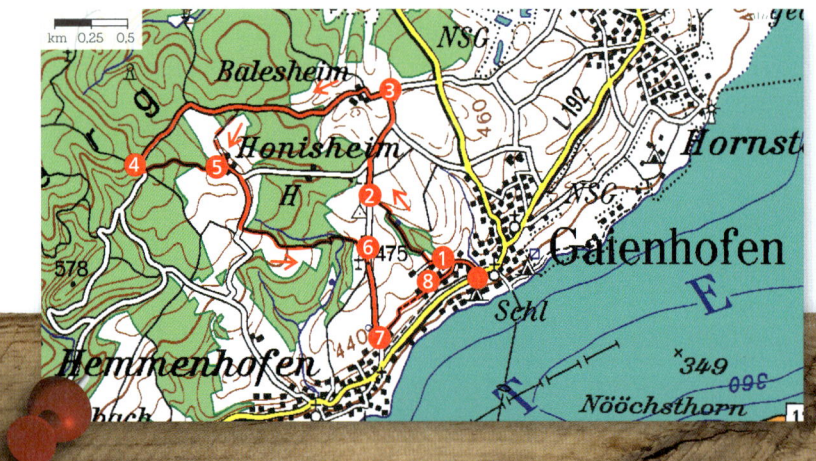

Hermann-Hesse-Haus in Gaienhofen.

um 1700 wieder aufgebaut. Heute dient es als Schulcampus mit Tagesinternat. Sehenswert sind noch verschiedene Fachwerk-Bauernhäuser aus dem 17. bis 19. Jahrhundert. Das Hermann-Hesse-Museum ist in zwei Gebäuden untergebracht. Eines wurde ab 1868 als Schule und Rathaus genutzt. In dem benachbarten Bauernhaus befindet sich die Gedächtnisstätte für Hermann Hesse. Dieses Haus wurde im 17. Jahrhundert erbaut und diente 1904 bis 1907 Hesse und seiner Familie als erster Wohnsitz. Im Garten findet man Textstelen zum Thema »Hesse und der Garten«. Er soll an Hesses Lieblingsblumen, Rosen, Sonnenblumen und Iris, erinnern.

Tipps für unterwegs

Hermann-Hesse-Haus:
www.hermann-hesse-haus.de

Hesse-Museum Gaienhofen:
www.hesse-museum-gaienhofen.de

Forscherspiel für Kinder:
www.gaienhofen.de

Kunstmuseum Haus Dix:
www.gaienhofen.de

Mit der Höri-Fähre in die Schweiz pendeln:
www.gaienhofen.de

Strandbad Horn:
www.gaienhofen.de

In der wilden
Klingenbachschlucht.

Tour 5

Panoramaweg in die wilde Klingenbachschlucht

Öhningen – Kattenhorner Bühl – Aspenhof – Bruderhof – Klingenbachschlucht – Öhningen

Ausgangspunkt: Öhningen
(bei den Sportplätzen, Höristr. 10),
GPS-Koordinaten: 47.659483, 8.887112

↔ 7 km

🕐 3 h

⛰ 200 m

🍴 Öhningen

Schwierigkeitsgrad: Anspruchsvoll

Kurzinfo: Im ersten Teil dieser Tour wandern wir auf einem Höhenweg zwischen naturnahen Wiesen über den Kattenhorner Bühl. Von hier haben wir eine herrliche Sicht über den Untersee auf das Schweizer Ufer. Der Rückweg bringt uns durch die wilde Klingenbachschlucht, die teilweise einen fast alpinen Charakter aufweist. Am Schluss kann man durch Öhningen bummeln, das mit seiner schönen Klosterkirche und den alten Gebäuden viel Sehenswertes bietet.

Empfohlene Karte: Wanderkarte Westlicher Bodensee (LGL).

Sonstiges: Wir wandern auf festen Wegen, über den Kattenhorner Bühl auf Naturpfaden. Die Klingenbachschlucht gehört zu den wildesten Schluchten der Gegend. Bei nassem Wetter, Schnee und Eis sollte man sie nicht begehen, sondern die unten stehende Alternative als Rückweg nehmen.

Öffentliche Verkehrsmittel: Bus.

Wir gehen auf dem Weg zwischen den beiden *Sportplätzen* hinauf zur *Kirche*. Vor ihr kommen wir am Wanderschild *Öhningen Kloster* (440 m) vorbei. Rechts von der Klosterkirche steht ein Brunnen mit einer Figur, daneben ein Mammutbaum.

Der auch Wellingtonie genannte **Mammutbaum** ist ein amerikanischer Gebirgsmammutbaum (Sequoiadendron giganteum). Diese Baumart wurde erst 1850 von dem Engländer Lobb in der Sierra Nevada (Kalifornien) entdeckt. Er fand dort einen Bestand von 90 Bäumen des bis dahin unbekannten, zur Familie der Sumpfzypressen gehörenden Nadelbaumes. Die Entdeckung erregte ein derartiges Aufsehen, dass der Baum von den Engländern nach ihrem Nationalhelden »Wellingtonia«, von den Amerikanern »Washingtonia« benannt wurde. Der lateinische Name entstand dadurch, dass man später eine Verwandtschaft

zu der schon einige Jahre vorher entdeckten »Sequoia« feststellte. Der Gattungsname kommt von Se-Quo-Yah. Dies war ein Irokese, der als Erster ein indianisches Alphabet entwickelte. Er führte bei den Indianern Nordamerikas auch die Schrift ein. Die ersten Bäume kamen 1853 nach Europa. In Amerika gibt es Mammutbäume im Alter von bis zu 4000 Jahren, bis zu 120 Meter hoch und mit einem Durchmesser über 15 Metern. Als dort 1891 ein Riesen-Mammutbaum gefällt wurde, zählte man auf seiner entrindeten Stammscheibe mit einem Durchmesser von 3,60 Metern 1341 Jahresringe. Der – auch industriefeste – Baum kam in der Zeit des Tertiärs auf der gesamten Nordhemisphäre vor; sein Holz war wesentlich an der Braunkohlebildung beteiligt.

Danach kommen wir zum *Klosterplatz*, wo wir am Schild *Öhningen Lindenplatz* (445 m) rechts abbiegen. Wo die Poststraße nach rechts abwärts zieht, gehen wir in der Kirch-

Rückblick
nach Öhningen.

bergstraße geradeaus weiter. Kurz darauf an der Verzweigung bei *Haus Nr. 17* und der öffentlichen Waage zweigen wir mit dem Wanderzeichen gelbe Raute links ab.

Bei zwei *Fachwerkhäusern* überqueren wir eine vorfahrtsberechtigte Straße und folgen der Döllenstraße abwärts. Gleich darauf halten wir uns an der Verzweigung links, überqueren ein Bächlein und folgen danach dem nach rechts aufwärts ziehenden Schotterweg. Er beschreibt gleich darauf eine Linkskurve und bringt uns in den Wald. Dort wandern wir am Schild *Klingenbachschlucht* (445 m) **1** geradeaus weiter. Nun steigt es immer sanft an, wir wandern erst durch Wald, danach zwischen naturnahen Wiesen und Obstplantagen. Bald erreichen wir das Schild *Schalmenried* (502 m). **2**

Hier biegen wir rechts ab und wandern auf dem Asphaltsträßchen etwas abwärts, werden aber kurz darauf mit der gelben Raute nach

links verwiesen. Nun sind wir auf dem *Kattenhorner Bühl.*

Der nach Süden exponierte und seit 1996 mit 32 Hektar geschützte **Kattenhorner Bühl** **3** bietet vielfältige Lebensgemeinschaften aus extensiv genutzten Magerwiesen, Halbtrockenrasen, Streuobstbeständen, Säumen, Niedermooren, Heckenzügen und Laubwäldern. Die Wiesen sind bunt aufgrund zahlreicher Blütenpflanzen wie Margeriten,

Abenteuer in der Klingenbachschlucht.

Wiesen-Bocksbart, Zottiger Klappertopf, Witwenblume und Wiesen-Pippau. An trockenen Stellen wächst auch Wiesen-Salbei. Zudem sind Orchideen zu finden. Hier leben auch zahlreiche gefährdete, zum Teil Wärme liebende Tierarten, beispielsweise wurden schon 28 Arten von Schmetterlingen gezählt. Gefährdete Vogelarten, wie zum Beispiel Baumpieper, Dorngrasmücke, Neuntöter und Zilpzalp haben ebenso einen Lebensraum gefunden. Nun haben wir auch die erwähnte herrliche Aussicht über die reich strukturierte Landschaft hinab auf den Untersee und in die Schweiz.

Der Panoramaweg bringt uns zum Schild *Liebeshalde* (480 m). Hier biegen wir links ab und wandern hinauf zum *Aspenhof* (505 m). **4** Kurz hinter ihm steht das Schild *Nässe* (505 m). Wir folgen dem Sträßchen, das uns erst durch das Gelände einer *Baumschule* führt, dann nach einem Linksknick durch den *Bruderhof*. **5**

Danach kommen wir an einer Rechtskurve des Sträßchens zum Schild *Beim Bruderhof* (484 m). Hier folgen wir dem nach links abgehenden Feldweg, der uns zu einem Gehölz und dem Schild *Am Schluchtweg* (470 m) **6** bringt.

Dort biegen wir rechts ab. Nun geht es durch eine wilde Schlucht hinab.

Die **Schlucht** **7** mit einem Seitenbach des eigentlich Klingerbach genannten Gewässers ist ausnehmend wild. Umgestürzte, teils vertrocknete, teils romantisch bemooste Baumstämme liegen im Wasser und am Weg. Dieser führt über zahlreiche Brücken und Stege. Vor allem wenn sie aus Holz sind, sollte man bei Feuchtigkeit vorsichtig sein, denn dann sind sie ausnehmend rutschig. Aus dieser steilen Klinge kann man die umgestürzten Stämme nur schlecht entfernen, deswegen belässt man sie dort.

Schließlich kommen wir zum querenden *Klingerbach*. Hier folgen wir dem direkt am Wasser entlangführenden Wanderweg nach links. Der Bach ist anfangs noch recht wild, wird dann aber zunehmend zahmer. Wir wandern am Schild *Klingenbachbrücke* (450 m) vorbei, etwas später zieht der Pfad nach links etwas hinauf und bringt uns zum Schild *Klingenbach-schlucht* (445 m). Dort wandern wir nach rechts auf bekanntem Weg zurück nach Öhningen.

Nun empfiehlt es sich, einen Blick in die Kirche zu werfen und sich die alten Fachwerkhäuser im Ort anzusehen. Außerdem gibt es ein Strandbad, zu dem man über die zwischen den Sportplätzen abgehende Straße kommt.

Das ehemalige Augustiner-Chorherrenstift in **Öhningen** 8 wurde in der ersten Hälfte des 12. Jahrhunderts gegründet, der Überlieferung nach jedoch bereits schon 965 vom Grafen Kuno von Öhningen. Allerdings ist die Urkunde dazu gefälscht. Aus dem Jahr 1155 gibt es eine Urkunde von Kaiser Friedrich Barbarossa. Die Anlage besitzt noch wesentliche Bauteile von der Spätromanik bis zum Barock. Inmitten der mächtigen Konventgebäude und der Kirche liegt der Kreuzhof. 1431 bis 1519 wurde die Anlage erneuert, und 1617 hat der Fürstbischof von Konstanz dem Propstei-Gebäude ein weiteres Geschoss aufgesetzt. Der Konventsaal ist mit Raumdekorationen aus dem Barock und mit Rokokostuck geschmückt. Das heutige Rathaus sitzt im ehemaligen Verwaltungsgebäude des Stifts von 1681. Die Stiftskirche St. Hippolyt und Verena wurde 1604 bis 1624 vom Konstan-zer Bischof Jakob Fugger auf Resten des alten Turms errichtet. Innen sieht man schöne Barockaltäre und Skulpturen sowie eine Kanzel aus der Zeit um 1734. Vor der Kirche steht die – nicht frei zugängliche – Totenbruderschaftskapelle Maria zum guten Trost. Die Bruderschaften sind katholische Vereinigungen, die es im südwestdeutschen und im angrenzenden schweizerischen Raum gibt. Diese hier wurde 1661 nach dem Dreißigjährigen Krieg von Augustiner-Chorherren des Klosters gegründet.

Tipps für unterwegs

Burg Hohenklingen bei Stein am Rhein:
www.burghohenklingen.com

Stadtbesichtigung mit wunderschöner Altstadt – Stein am Rhein:
www.tourismus.steinamrhein.ch

Besichtigung eines der größten Wasserfälle Europas – der Rheinfall!
www.rheinfall.ch

Blasius-Kapelle in Kappenhorn:
www.oehningen-tourismus.de

Alpaka-Trekking oder Kanu-Touren:
www.oehningen-tourismus.de

Strandbad Öhningen:
www.oehningen-tourismus.de

Am Aachtopf.

Tour 6

Von der Aachquelle zur Burgruine

Aachquelle – Alter Turm – Dolinen – Homberg – Aach – Aachquelle

Ausgangspunkt:
Aach (Aachquelle, Hauptstr. 24),
GPS-Koordinaten: 47.846204, 8.858438

Schwierigkeitsgrad: Leicht

Kurzinfo: Drei Besonderheiten hat diese Wanderung: Da ist zuerst einmal am Ausgangspunkt die Aachquelle, die größte Quelle Deutschlands, danach steigen wir auf zu einer Burgruine, von der man auch eine herrliche Aussicht über den Hegau und zu den Schweizer Alpen hat, und am Schluss können wir uns in der Altstadt von Aach einige historische Bauten ansehen.

5,5 km

2 h

210 m

Aach

Empfohlene Karte: Wanderkarte Westlicher Bodensee (LGL).

Sonstiges: Wir wandern auf Pfaden und festen Wegen. Bei Oberdornsberg liegt die Landesjagdschule. Hier finden samstags Schießübungen statt, von März bis September manchmal auch an anderen Tagen. Dann muss mit Lärmbelästigung gerechnet werden. Der Weg verläuft großenteils auf dem Premiumwanderweg »Hegauer Kegelspiel: Aacher Geißbock«.

Grillmöglichkeiten: Pavillon vor Ruine, vor Aach.

Öffentliche Verkehrsmittel: Bus.

Wir gehen vom *Parkplatz* gegenüber der *Aachquelle* zu dem großen Quelltopf mit dem Schild *Aachquelle* (488 m).

Der etwa 18 Meter tiefe **Aachtopf** ❶, der Ursprung der Hegauer Aach, ist der größte Quelltopf Deutschlands. An den Wassertopf schließt sich eine über 400 Meter lange Höhle an. Drei Viertel seines Wassers stammen aus der etwa 170 Meter höher liegenden Donau, die 12 bis 19 Kilometer weiter nördlich in den zerklüfteten Kalksteinen versickert, die sogenannte Donauversickerung oder -versinkung. Das Wasser benötigt für diese Strecke zwischen einem Tag und sieben Tagen. Dies wurde bereits 1702 vermutet, aber erst 1877 nachgewiesen, als man 200 Kilogramm Kochsalz in die Versickerungsstellen eingab und es hier wieder zum Vorschein kam. Im Durchschnitt quellen etwa 8000 l/sec aus dem Untergrund, die Schwankungsbreite liegt allerdings zwischen 1300

und 24 000 l/sec. Die ungeheure Wasserkraft wurde ab dem Mittelalter bis 1950 zum Antrieb einer Mühle, zeitweise auch einer Hammerschmiede genutzt. Ab 1935 profitiert ein Elektrizitätswerk davon. Über lange Zeit gab es Streitigkeiten zwischen den württembergischen Donau-Anliegern, die versuchten, die Versickerungslöcher zu verstopfen, und den badischen Aachanliegern, denen dann das Wasser fehlte. Erst nach der Vereinigung zu einem Bundesland wurde eine Lösung gefunden. 30 Kilometer weiter fließt der Fluss als Radolfzeller Aach in den Bodensee.

Vor dem Wasser halten wir uns mit den Wanderzeichen blaue Raute und Premiumwanderweg Hegauer Kegelspiel rechts. Dann überqueren wir den Quelltopf auf der *Carl-ten-Brink-Brücke*. Danach folgen wir den Zeichen auf dem nach rechts zuerst auf Stufen ansteigenden Pfad. Kurz danach gehen wir im Wald auf einem Pfad, nunmehr nur leicht ansteigend, weiter.

Der Hohentwiel mit seiner mächtigen Festung.

Bald erreichen wir einen *Pavillon* mit einer Grillstelle. Von hier aus hat man auch einen prächtigen Blick über den Hegau, zum Hohentwiel und zum Hohenkrähen. Hier geht der Pfad nach rechts weiter. Bald erreichen wir die *Ruine Alter Turm*.

Der **Alte Turm** ❷ ist ein einstiger Wohnturm, der vermutlich von den Herren von Aach 1079 erbaut wurde. Er ist neben der Burg Neuhewen und der Tudoburg eine der ältesten Ritterburgen im Hegau. 1138 gelangte er an das Konstanzer Hochstift. 1387 und noch einmal 1525 im Bauernkrieg wurde er zerstört. 1770 hat man die Steine seiner Mauer für den Bau der Straße von Eigeltingen nach Aach verwendet. Erhalten sind noch Teile der Umfassungsmauern.

Der Wanderweg führt links der Ruine und rechts einer Lichtung weiter. Es geht erst hinab in einen Graben, wo wir uns links halten. Gleich darauf knickt der Pfad links

In Aach.

ab und bringt uns aus dem Graben vor die Schmalseite der Lichtung und an dieser vorbei.

Vor einem breiten Weg zieht der Pfad nach links. Wir gehen kurz parallel zu diesem Weg, dann auf ihm und rechts der Lichtung auf die Altstadt von Aach zu. Bald haben wir auch wieder einen Blick zu den Alpen. Am Wanderschild *Am Alten Turm* (530 m) ❸ zweigen wir rechts ab. Der Weg zieht nach rechts, danach halten wir uns an einer Verzweigung an den linken Weg.

Bald kommen wir an zwei großen *Dolinen* vorbei, die links und rechts des Weges liegen.

Stadttor in Aach.

Mehr als 100 Meter unter diesen **Dolinen** ❹ fließt die Schwarze Donau, die zwischen Immendingen und Fridingen versickert und an der Aachquelle wieder zum Vorschein kommt. Das Wasser der Donau hat durch Auflösung des Gesteins hier so riesige Hohlräume geschaffen, dass auf einer Strecke von 200 Metern deren Decken einbrachen. Seit 1990 wird das Höhlensystem erforscht.

Danach erreichen wir beim Schild *Dolinen* (580 m) wieder einen festen Weg. Hier biegen wir links ab in Richtung »Homberg«. Immer geradeaus gehend kommen wir zum Schild *Homberg* (550 m) ❺. Dort biegen wir links ab, nun geht es auf einem Pfad weiter.

Nach kurzem, steilem Bergab verlassen wir den Wald. Jetzt haben wir wieder einen schönen Blick auf die Hegauberge. Von links nach rechts sehen wir Hohentwiel, Hohenkrä-

hen, Mägdeberg und den Doppelgipfel des Hohenstoffeln. Dahinter scheinen bei guten Sichtverhältnissen die Schweizer Alpen hervor.

Wir folgen nun dem Waldrand immer bergab. Der Pfad zieht nach links, dann knickt er rechts ab und bringt uns zu einem festen Weg, dem wir kurz bis zu einem Asphaltweg folgen. Dort sehen wir das Schild *Auderle* (498 m) ❻. Wir biegen links ab und wandern links der von Anfang her bekannten Lichtung weiter. Nach 300 Metern kommen wir zum Schild *Hinter der Stadt* (493 m). Hier biegen wir rechts ab und überqueren die Lichtung. Dahinter steigt es im Zickzack, am Schluss auf Stufen, zu einem *Rastplatz* mit Grillstelle an.

Wir wandern weiter aufwärts, auf die Altstadt zu. Den Wanderzeichen folgend kommen wir zum Schild *Hohenhalden* (535 m), von wo wir zum

Hohenhewen sehen. Hier gehen wir mit dem Premiumwanderweg nach links weiter. Wer will, kann aber erst einen Abstecher in die Altstadt von Aach machen. Dazu gehen wir nach rechts in den Ort hinein und weiter bis zum Platz mit dem Brunnen und dem ehemaligen Spritzenhäuschen, dahinter sehen wir Fachwerkhäuser und die Kirche.

Aach 7 wurde 1100 erstmals erwähnt. 1283 wurden dem Ort durch Rudolf von Habsburg die Stadtrechte verliehen. Die mit einem Staffelgiebelturm versehene Stadtkirche St. Nikolaus war einst befestigt. Der Hochaltar und einige Skulpturen stammen aus der Mitte des 18. Jahrhunderts, die Mondsichelmadonna wurde im Jahr 1600 geschaffen. Die barocke Ausstattung wurde 1885 entfernt. Das Pfarrhaus sitzt auf der Stadtmauer auf und wurde Anfang des 17. Jahrhunderts erbaut. An ihm sieht man noch das Wappen des Salzburger Fürstbischofs Markus Sitticus von Hohenems, der auch Dompropst in Konstanz war. Das Alte Rathaus ist ein Staffelgiebelbau aus dem 16. Jahrhundert. Sehenswert ist als Rest der Stadtbefestigung noch das Obere Tor als Abschluss des einstigen Zwingers. 1494 war hier die Judenschule untergebracht. Das Untere Tor diente gleichzeitig als Gefängnis und als Wohnung des Torwächters.

Danach kehren wir wieder zurück zum Schild *Hohenhalden* und biegen rechts ab. Der Weg knickt bald links ab, und kurz danach haben wir nach links von einer *Bank* aus erneut einen Blick zum Hohenhewen und zum Hohenstoffeln.

Wir wandern weiter abwärts auf die Lichtung zu. Am Schild *Buchhalde* (490 m) folgen wir dem Weg nach rechts. Wir kommen nach Aach und gehen durch die Häuserreihe zum Schild *Am Feuerwehrhaus* (483 m). Kurz danach stoßen wir auf die *Aach*. Hier biegen wir links ab und kommen zurück zum *Aachtopf*.

Tipps für unterwegs

◉ **Fasnachtsmuseum im Schloss Langenstein:** www.fasnachtsmuseum.de

◉ **Stadtbesichtigung Stockach:** www.stockach.de

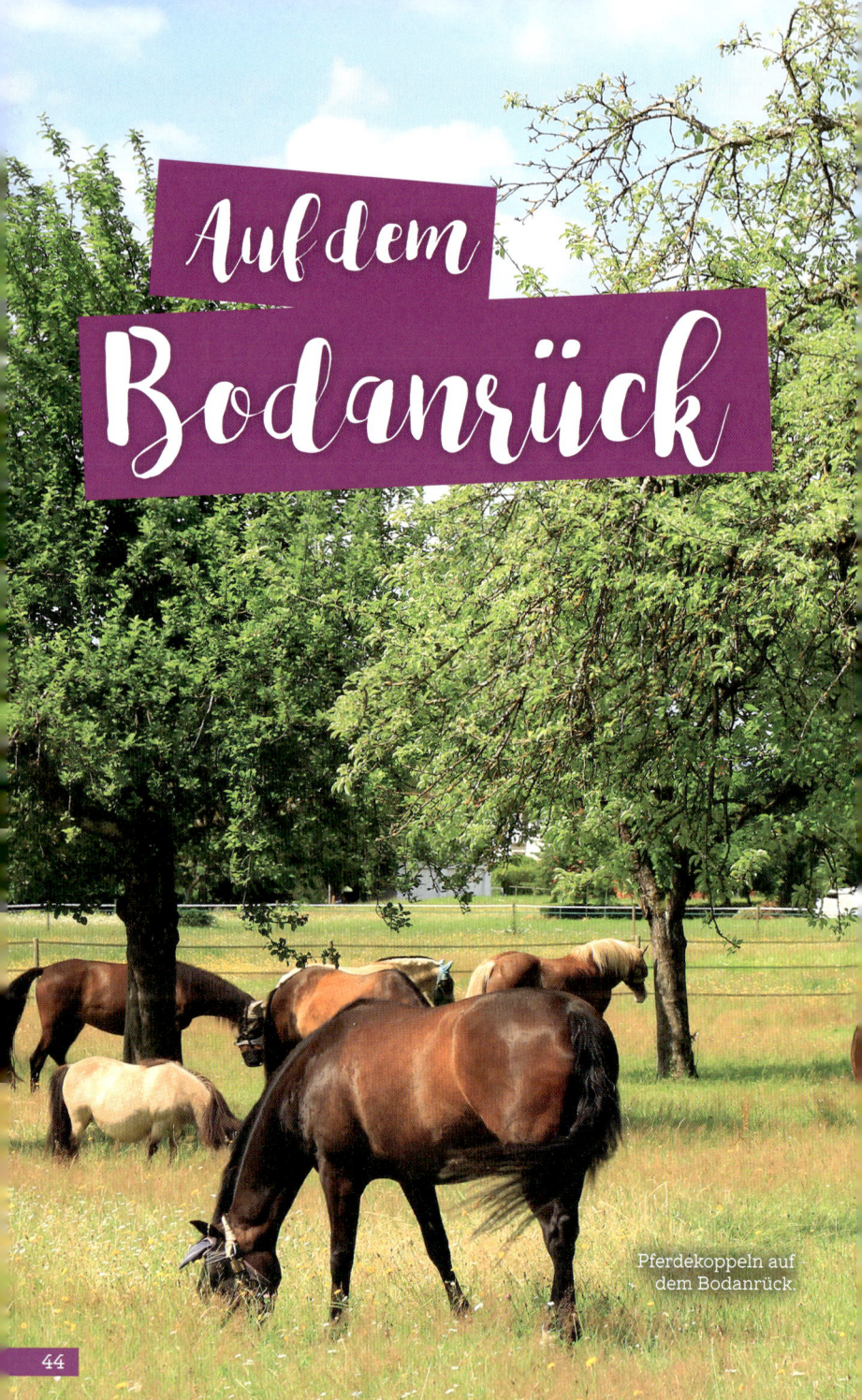

Auf dem Bodanrück

Pferdekoppeln auf dem Bodanrück.

Tour 7

Landschaftliche Vielfalt bei Hegne

Hegne – Schmiederklinik – Eichelrain – See – Hegne

Ausgangspunkt:
Hegne (Rast- und Grillplatz Schwarzen-berg, Zum Schwarzenberg 47), GPS-Koordinaten: 47.714054, 9.101369

Schwierigkeitsgrad: Leicht

Kurzinfo: Felder und Waldstücke, Aussicht zum Bodensee und ein ver-steckter See im Wald sind die land-schaftlichen Charakteristika dieser Wanderung. Bei ihr gibt es keine ausge-sprochenen Höhepunkte, dafür »Landschaft pur«.

Empfohlene Karte: Wanderkarte Westlicher Bodensee (LGL).

Sonstiges: Die Wanderung findet etwas oberhalb des Ortes in Richtung Dettingen statt. Wir wandern auf Feld- und Waldwegen und einem Sträßchen. Zum Waldpark-platz kommt man, wenn man links des Flurkreuzes und der Gaststätte zum Wald fährt.

Grillmöglichkeit:
Ausgangspunkt, Eichelrain

Öffentliche Verkehrsmittel: Bus.

↔ 9 km

🕐 2,5 h

⛰ 90 m

🍴 Hegne

Witziges am
Wegesrand.

Linke Seite:
Unterwegs
auf dem
Bodanrück.

Der 112 Quadratkilometer große **Bodanrück** – von dem der Bodensee seinen Namen hat – ist eine hügelige Drumlin-Landschaft. Diese Drumlins sind längliche und schmale, meist bewaldete Hügel, die Überreste der Eiszeiten sind. Zwischen ihnen findet man oft vermoorte Senken. Beim Bodanrück handelt sich um eine Halbinsel, die den Nordwestteil des Bodensees in den Überlinger See und den Untersee teilt. Mit der mit 693 Meter höchsten Erhebung südwestlich von Bodman (südöstlich vom Hofgut Bodenwald) liegt er 298 Meter über dem Niveau des Obersees. Wo er im Nordosten steil zum Überlinger See hin abfällt, befinden sich mehrere spektakuläre Schluchten. Darunter auch die Marienschlucht, die sich rund 100 Meter tief in das Molassegestein eingegraben hat; südöstlich davon liegt die Katharinenschlucht, außerdem gibt es das Echotal im süd-südöstlich von Bodman gelegenen Stöckenloch. Hier findet man eine halbkreisförmige Felsnische; wenn man in diese hineinruft, kommt von einer etwa 60 Meter entfernten Molassewand das Echo zurück.

Wir gehen vom *Waldparkplatz* oder dem Wanderschild *Schwarzenberg* (435 m) aus am Waldrand entlang Richtung See. Bald haben wir auch einen schönen Blick auf den Gnadensee, dem im Untersee westlich gelegenen Teils des Bodensees. Auch die Baumallee, die auf die Insel Reichenau führt, ist anfangs zu sehen. Der Weg folgt dem Waldrand nach rechts und führt uns mit leichtem Auf und Ab bis zur links liegenden *Schmiederklinik*.

Kurz davor nehmen wir den rechts im Wald verlaufenden Pfad, der Tafeln des für Kinder interessanten Wald-erlebnispfades zeigt. Nach der Klinik sehen wir das Schild *Schmiederklinik* (433 m). ❶ Nun wandern wir auf dem Sträßchen und vorbei an einem *Hof* zu einem Wäldchen. Hier biegen wir rechts ab und gehen am *Grillplatz* ❷ vorbei, danach zieht der Weg nach links in den Wald. An dessen Ende steht das Schild *Eichel-rain* (425 m).

Hier biegen wir rechts ab und gehen erst am Waldrand, dann zwischen

Wiesen zum quer stehenden Wald mit dem Schild *Gockelsberg* (428 m). Wir biegen rechts ab und wandern am Waldrand entlang zum Schild *Reitern* (438 m) ❸. Nun biegen wir links ab in Richtung »Dettingen«.

Wir kommen in den Wald, wo es et-was ansteigt. Bald knickt der mit der

Felder bei Hegne.

gelben Raute markierte Weg links ab. Kurz darauf weist uns die Raute nach rechts, gleich danach noch einmal. Rechts des Weges liegt nun ein *See* ❹ hinter der Ufervegetation versteckt.

Nach ihm verlassen wir den Wald und wandern zwischen Wiesen und Feldern zu einem querenden Weg bei einer Art Verkehrsdreieck. ❺ Hier halten wir uns rechts. Nach einiger Zeit mündet unser Weg in ein Fahrsträßchen. Auf ihm wandern wir nach rechts, vorbei an einem *Flurkreuz* und einem *Feuchtgebiet* zurück zum *Ausgangspunkt*.

Sehenswert in **Hegne** ist das aus der Renaissance stammende Schloss, das Ende des 16. Jahrhunderts aus einem Reichenauer Fronhof als Sommerresidenz der Konstanzer Bischöfe entstand. Bestimmend ist der lang gestreckte, aus der Renaissance stammende Bau mit seinen Eck-türmchen. 1879 wurde die Anlage im Stil der Neurenaissance umgestaltet, damals entstand auch die Parkanlage. Die Anlage dient seit 1892 als Provinzialmutterhaus der Barmherzigen Schwestern vom Heiligen Kreuz.

Tipps für unterwegs

👁 **Wild- und Freizeitpark Allensbach:**
www.wildundfreizeitpark.de

👁 **UNESCO-Welterbe Klosterinsel Reichenau:**
www.reichenau-tourismus.de

👁 **Unterwasserwelt Sealife Konstanz:**
www.visitsealife.com/de

👁 **Archäologisches Landesmuseum:**
www.konstanz.alm-bw.de

👁 **Naturschutzgebiet Wollmatinger Ried:**
www.nabu-wollmatingerried.de

〰 **Strandbad Hegne:**
www.tourismus-untersee.eu

〰 **Strandbad Allensbach:**
www.tourismus-untersee.eu

Stille am Mindelsee.

Tour 8

Möggingen/Parkplatz Mindelsee – Mindelsee – Möggingen – Parkplatz

Ausgangspunkt:
Möggingen (Parkplatz Mindelsee südlich des Ortes)
GPS-Koordinaten: 47.762260, 8.999815.

Schwierigkeitsgrad: Leicht

Kurzinfo: Diese Wanderung führt uns auf den Bodanrück, von dem der Bodensee seinen Namen hat, und durch das herrliche Naturschutzgebiet um den Mindelsee, der in einem Naturschutzgebiet liegt. Hier gibt es auch einen prächtigen Naturbadeplatz. Allgemeine Informationen zum Bodanrück siehe Tour 7.

7 km

2 h

50 m

Möggingen

Empfohlene Karte: Freizeitkarte 511 Westlicher Bodensee (LGL).

Sonstiges: Wir wandern auf Natur- und befestigten Wegen. Bademöglichkeit im Mindelsee.

Waldpartie
am Mindelsee

Vom *Parkplatz Mindelsee* südlich von *Möggingen* folgen wir dem in die Riedwiesen hineinführenden Weg. Er knickt nach rechts ab, überquert den Fällgraben und bringt uns zu einem querenden, breiten Weg. Hier kann man einen Abstecher zu einem Badeplatz machen. Hierzu biegen wir links ab und spazieren entlang der ausgedehnten Schilfbestände. Wo der Weg nach links zieht, führt nach rechts ein Pfad hinaus zu einem wunderschönen (kostenlosen) *Naturbadeplatz* am *Mindelsee*, an dem sogar ein Badesteg steht. Auch wenn man nicht baden will, sollte man hinausgehen, denn man hat von hier aus einen schönen Blick auf den See.

Der **Mindelsee** **1**, ein einst neun Kilometer langer Schmelzwassersee, liegt in der Grundmoränenlandschaft des Bodanrücks, die während der letzten Eiszeit vom Rheingletscher modelliert wurde und seit etwa 14 000 Jahren eisfrei ist. Seit 1938 stehen der Mindelsee und seine Umgebung unter Naturschutz, es handelt sich um eines der ältesten Naturschutzgebiete des Landes. Das Moor ist bis zu zehn Meter mächtig. Der bis zu 13,5 Meter tiefe See ist 2,2 Kilometer lang und 500 Meter breit, seine Uferlänge beträgt 5,3 Kilometer. Hier hat man schon fast 700 Blütenpflanzen, 120 Moos- und mehrere Hundert Algenarten gezählt, außerdem 594 Käfer-, 433 Schmetterlings- und 40 Libellenarten. Mehr als 90 Vogelarten, darunter so seltene wie Drosselrohrsänger, Flussseeschwalbe, Neuntöter und Schwarzkehlchen, brüten hier. Jedes Jahr wechseln über 20 000 Reiherenten im Herbst hier ihr Federkleid. Auch die Insektenwelt hat Besonderheiten aufzuweisen: Hier leben Sumpfschrecke, Sumpfgrille und die Tagfalter Blaukernauge und Goldener Scheckenfalter. An Libellenarten findet man Helm-Azurjungfer, Gebänderte Prachtlibelle

Gut ausgeschildert!

und die Späte Adonislibelle. Im Wasser leben Plötze, Rotfeder, Barsch, Hecht, Aal und Brachsen, bis in die 1930er-Jahre sogar über zwei Meter lange Welse – 1938 wurde ein 2,40 Meter langes Exemplar gefangen! Kostbarkeiten der Pflanzenwelt sind in den Feucht- und Riedwiesen Mehlprimel, Fettkraut, Breitblättriges Wollgras, Schwalbenwurz-Enzian und stark gefährdete Orchideen wie Glanzstendel und Sommer-Drehwurz. An Standorten auf trockenen Wiesen wachsen das Kleine Knabenkraut, Brand-Knabenkraut und Frühlings-Enzian. Seit 1976 ist das Naturschutzgebiet als »International bedeutsames Feuchtgebiet für Wat- und Wasservögel« gemäß der Ramsar-Konvention anerkannt und es ist ein wichtiger Bestandteil des internationalen Netzwerks »Natura 2000«.

Danach gehen wir wieder zurück zum Abzweig und wandern nach Süden bis zu einem querenden Weg. Hier biegen wir links in den Bodensee-Wanderweg ab und kommen in den *Wald*. Vor dem *See* zieht der Weg nach rechts, nun wandern wir an der Südseite des Mindelsees entlang. An seinem Ostende zweigen wir mit dem Bodensee-Wanderweg links ab und folgen dem Weg bis zu einer Verzweigung vor dem *Hirtenhof,* wo der Querweg Freiburg– Bodensee quert.

Baden erlaubt: am Mindelsee.

Hier halten wir uns links und wandern zum *Dürrenhof*. ❷ In dieser Anlage führt der Weg nach rechts hinauf und nach dem Hof nach links in Richtung Möggingen. Vor *Möggingen* mündet unser Weg in die Dürrenhofstraße, auf der wir in den Ort wandern. Die querende Mühlbachstraße bringt uns zur Liggeringer Straße, der wir nach links folgen.

Die spätbarocke Kirche St. Gallus in **Möggingen** ❸ stammt aus dem 18. Jahrhundert, auch die Ausstattung ist barock. Kanzel und Chorgestühl sind mit Intarsien versehen.

Vor dem Parkplatz kann man noch einen Abstecher in der Schlossallee zum *Schloss Möggingen* machen.

Das Schloss in **Möggingen** ❹ wurde 1363 erstmals erwähnt. Es ist von einer Wehrmauer und zwei Wassergräben umgeben. Im Torturm befindet sich eine Kapelle aus dem 15. Jahrhundert. Das Schloss selbst wurde um 1600 erbaut. In ihm ist heute die Forschungsstelle für Ornithologie der Max-Planck-Gesellschaft Andechs und Radolfzell untergebracht. Im Hof kann man Volieren sehen, außerdem brüten auf dem Dach Störche. Auch der Wassergraben vor dem Schloss ist ein schönes Biotop.

Nach links wandern wir zurück zum *Ausgangspunkt*.

Tipps für unterwegs

👁 **Führungen durch Radolfzell:**
www.radolfzell-tourismus.de

👁 **Stadtmuseum Radolfzell:**
www.radolfzell-tourismus.de

👁 **Halbinsel Mettnau:**
www.radolfzell-tourismus.de

👁 **Streuobst-Sortengarten in Möggingen:**
www.radolfzell.de/sortengarten

〰 **Badeplatz Mindelsee:**
www.bodensee.travel

Ruine Altbodman
ragt aus dem Wald.

Ruine Altbodman: Sie gab dem Bodensee ihren Namen

Bodman/Bodenwald – Ruine Altbodman – Bodenwald – Lerchenacker – Grillplatz Stöckenloch – Aussichtspunkt – Bodenwald

Ausgangspunkt: Bodman (Bisonstube, Bodenwald 1, erreichbar von der K 6100 wzwischen Bodman und Liggeringen), GPS-Koordinaten: 47.790324, 9.029521

↔ 6 km

🕐 2,5 h

▲ 190 m

🍴 Bisonstube

Schwierigkeitsgrad: Leicht

Kurzinfo: Die Ruine Altbodman liegt in beherrschender Lage über dem Überlinger See. Von ihr haben der Bodanrück sowie vermutlich auch der Bodensee ihre Namen. Von der Ruine sind noch mächtige Mauerteile erhalten, von ihnen aus und von verschiedenen Aussichtspunkten am Weg hat man schöne Ausblicke nach Norden über den Überlinger See und nach Süden über den Gnadensee und den Zeller See. Diese kurze Tour ist bestens auch für Kinder geeignet, zumal man nicht nur eine Burgruine besuchen, sondern auch eine Rast an einem Grillplatz einlegen kann.

Empfohlene Karte: Wanderkarte Westlicher Bodensee (LGL).

Sonstiges: Wir wandern meist auf geschotterten Waldwegen, stellenweise auch auf Pfaden. An den Steilabstürzen sollte man vorsichtig sein. Wenn man nicht zum Grillplatz geht, ist die Tour um etwa zwei Kilometer kürzer, der Höhenunterschied verringert sich dadurch um 60 Meter.

Grillmöglichkeiten: Grillplatz Stöckenloch.

Ruine Altbodman.

Am Parkplatz finden wir das Wanderschild *Bodenwald* (654 m). Wir gehen in Richtung »Ruine« an der *Vesperstube Bisonstube* vorbei auf den Wald zu. Wo rechts ein Weg abgeht, stehen ein großes *Flurkreuz* und das Schild *Bisongehege* (658 m). Später biegen wir hier rechts ab, gehen aber jetzt geradeaus in den Wald hinein. Kurz danach nehmen wir am Schild *Schloßhalde* (652 m) den linken Weg und erreichen in ein paar Minuten die *Ruine Altbodman.*

Die 1171 erstmals genannten Herren von Bodman waren erst Ministeriale der Staufer. Die Geschichte der Ruine **Altbodman** ❶ beginnt 1277 mit dem Bau der ersten

Burg durch Johannes von Bodman auf dem benachbarten Hügel, der heute das Kloster Frauenberg trägt. Nachdem 1307 diese Burg nach einem Blitzschlag abbrannte, wobei mehrere Hegauer Adelige und Familienangehörige den Tod fanden, hat man 1332 die heutige Ruine auf dem Nachbarberg erbaut. Die Brandkatastrophe überlebte nur der jüngste der Familie, Johannes, den eine Amme in einen Kessel verpackt aus dem Fenster warf. 1643 während des Dreißigjährigen Krieges wurde die Burg von den Franzosen zerstört. Erhalten sind noch Reste der Vorburg und große Teile der Ringmauer mit zwei Rundbastionen, beides aus dem 15. Jahrhundert. Die Schild-

mauer ist etwa zwei Meter dick. Nach dem Tor kommt man kurz in einen schluchtartigen Durchgang, in dem man eingedrungene Feinde früher sicherlich recht gut von oben bekämpfen konnte. Auf einem Felsen erhebt sich der mächtige, einst vier- oder fünfstockige Wohnturm. Auf seiner Nordseite finden wir eine Aussichtsterrasse mit schönem Ausblick.

Danach gehen wir wieder zurück zum Schild *Bisongehege* und biegen jetzt links ab. Kurz danach nehmen wir mit dem Wanderzeichen des Premiumwanderwegs SeeGang den links abgehenden Pfad, der uns zu einem *Aussichtspunkt* direkt ❷ am Steilabfall bringt, später aber wieder

Blick von den Höhen
auf Ludwigshafen.

in den Schotterweg mündet. Etwas später folgt ein weiterer *Aussichtspunkt*, von dem aus man zur Ruine sieht.

Wir kommen bald in den Wald, wo wir bis zum Schild *Lerchenacker* (661 m) weiterwandern. Die Wanderung führt nach rechts weiter; wer aber zum Grillplatz will, behält seine Richtung bei bis zum Schild *Beim Grillplatz Stöckenloch* (618 m), das vor einer

Bisons auf dem Bodanrück.

großen Lichtung steht. Nach links kommen wir in 100 Metern zum *Grillplatz*.

Beim **Grillplatz Stöckenloch**  ③ stehen die Mittlere-Wies-Hütte und ein kleiner Schutzpavillon; wir finden Tische und Bänke und eine Grillstelle.

Danach kehren wir wieder zurück zum Schild *Lerchenacker,* wo wir uns links halten. An einer Verzweigung nehmen wir den rechten Weg, der uns nach einer Rechtskurve zum Schild *Neuwiesen* (672 m) bringt.

Hier gehen wir in Richtung »Bodenwald« geradeaus weiter. Kurz danach zweigt links ein mit den Zeichen des SeeGangs und des Bodensee-Wanderwegs markierter Pfad ab. Er verläuft im Prinzip parallel zum Schotterweg, allerdings teilweise direkt am Steilabfall, sodass man hier vorsichtig gehen sollte. Dafür bringt er uns zu einem hervorragenden *Aussichtspunkt*, ④ wo man zum Gnadensee und zum Zeller See sieht.

Später mündet der Weg wieder in den Forstweg. Wir verlassen den Wald beim Schild *Vogelherd* (678 m) und wandern auf dem nach rechts ziehenden Feldweg zurück zum *Ausgangspunkt*.

Tipps für unterwegs

👁 **Burgkapelle Kloster Frauenberg:**
www.bodenseepur.de

👁 😛 **Bisongehege, Streichelzoo und Biergarten:**
www.bisonstube-bodenwald.de

👁 **Stadtmuseum Stockach mit Zizenhausener Terrakotten:**
www.stockach.de

〰 **Freibad in Stockach:**
www.stadtwerke-stockach.de

St. Johannes
in Langenrain.

Parkplatz – Höfen – Blissenhalde – Golfplatz – Ruine Kargegg/Marienschlucht – Langenrain – Parkplatz

Ausgangspunkt:
Langenrain (Parkplatz am Weg nach Höfen am Abzweig von der L 220), GPS-Koordinaten: 47.764131, 9.071188

Schwierigkeitsgrad: Leicht

6,5 km

2 h

170 m

Höfen, Langenrain

Kurzinfo: Wir wandern durch schöne Wälder und eine landwirtschaftlich mit Wiesen, Pferdeweiden, Feldern und Obst-plantagen genutzte Landschaft auf dem Bodanrück. Durch diese vielfältige Nutzung ist ein interessantes Landschafts-mosaik entstanden. Wenn die zur Zeit der Entstehung dieses Buches bestehenden Zerstörungen durch einen Erdrutsch beseitigt sind, bietet sich auch ein Abstecher zur Ruine Kargegg und in die Marienschlucht (Mariaschlucht) an. Allgemeine Informationen zum Bodanrück siehe Tour 7.

Empfohlene Karte: Wanderkarte Westlicher Bodensee (LGL).

Sonstiges: Wir wandern auf festen Wegen. Durch einen Erdrutsch war der Abstecher zur Ruine Kargegg und weiter hinab in die Marienschlucht bis Redaktionsschluss dieses Buches nicht möglich. Wenn der Weg wieder gerichtet ist, geht es auf einem Pfad und Treppen hinunter. Aktuelle Infos über Wiedereröffnung unter: www.marienschlucht.de/aktuell

Wir folgen vom *Wanderparkplatz* aus dem von der Straße abzweigenden Weg, der uns durch die Felder nach Nordwesten führt. Nach einiger Zeit kann man links zur Vesperstube *Hof Höfen* ❶ abzweigen.

Unsere Wanderung führt uns aber geradeaus weiter. Nach einem Rechtsknick kommen wir zum 1902 errichteten *Höfener Kreuz* (586 m). ❷ Hier biegen wir rechts ab in den Wald. An der nächsten Verzweigung nehmen wir mit den Zeichen des SeeGangs und des Bodensee-Wanderwegs den links abgehenden Weg, kurz danach weist uns das Zeichen nach rechts.

Bald verlassen wir den Wald. Nun gehen wir nach links am Waldrand entlang. Der Weg knickt links, dann rechts ab und bringt uns zu einem quer stehenden Wald. Erst im Wald,

dann durch Wiesen und Felder führt uns der Feldweg zum Schild *Blissenhalde* (526 m). ❸ Hier biegen wir links ab und gehen über die Wiese zum Waldrand; dort orientieren wir uns rechts.

Wir wandern erst am Waldrand entlang, dann führt der Weg in den Wald. Nach einiger Zeit kommen wir zum Wanderschild *Waldparkplatz* (510 m). Hier geht es nach links zur Ruine Kargegg, danach weiter steil abwärts durch die Marienschlucht. Sollte der Weg gesperrt sein, ist es hier angeschlagen. Falls er wieder geöffnet ist, ist der Abstecher zu empfehlen.

Die **Ruine Kargegg** ❹ liegt auf einem länglichen Felsrücken, der nach drei Seiten etwa 80 Meter fast senkrecht zum Bodensee und zur Marienschlucht abfällt. Deshalb wird sie auch fast uneinnehmbar gewesen sein. Der Name kommt

vermutlich von dem 1273 genannten Gewannnamen »uff der kar-
gen Egg«. Die Burg wurde vielleicht um 1200 von den Herren
von Dettingen, Ministerialen des
Klosters Reichenau, erbaut. 1278
wurde die Anlage erstmals genannt. Zur Zeit der Raubritter im
15. Jahrhundert wurde die Burg
auch als Platz zur Aufbewahrung
von gestohlenen Gütern verwendet. Um 1500 wurde sie als
»alter Burgstall« bezeichnet. Im
Bauernkrieg 1525 brannte sie.
Die endgültige Zerstörung er-
folgte wohl im Dreißigjährigen
Krieg. Danach wechselten die
Besitzer durch Verpfändungen
und Verkäufe, auch an Stadt-
adelige und Kaufmannsfamili-
en der umliegenden Städte – so
gehörte sie beispielsweise um
1500 dem Überlinger Patrizier

Ruine Kargegg.

Pferdeweiden
am Wegesrand.

Fachwerkidylle in Langenrain.

Hans von Ramspach. Die Burg war früher wohl in Form eines unregelmäßigen Rechtecks als Wohnturm erbaut. Heute sieht man im Wesentlichen nur eine rund 17 Meter hohe, aus Natursteinen gemauerte Wand mit einer Stärke von etwa 1,5 Metern und ein kurzes Stück der Querwand. Das Gebäude war aus Bruchsteinen und Buckelquadern erbaut. Dies war vermutlich die Wehr- und Schildmauer des Palas oder Wohnturmes. Die Wand besitzt drei große Fensteröffnungen, Reste von Zinnen und senkrechte Schlitzscharten.

Die **Marienschlucht** 5, eigentlich Mariaschlucht, wurde 1897 zum ersten Mal begehbar gemacht. Sie gehört, wie die Ruine Kargegg, den Grafen von und zu Bodman. Der Name kommt von Freiherr Johann Franz von und zu Bodman, der sie zu Ehren der Braut seines Sohnes, Maria Gräfin von Walderdorff, so genannt hat. Die Schlucht wurde nach verschiedenen Zerstörungen mehrfach wieder begehbar gemacht. Seit einem schweren Erdrutsch im Mai 2015 ist die Schlucht samt Uferweg erneut gesperrt.

Ansonsten folgen wir dem Weg geradeaus durch den *Waldparkplatz*. Dahinter stoßen wir auf den *Golfplatz* und die Zufahrtsstraße zu ihm. Wir biegen rechts ab und wandern durch die Pferdeweiden zur L 220. Dort biegen wir rechts ab.

Am Abzweig nach links in Richtung »Freudental« wechseln wir auf die linke Straßenseite und wandern auf

das Schloss zu.
Wo der Weg nach
rechts unter der Straße hindurch-
führt, gehen wir auf der Treppe hinauf zur Landstraße. Wir folgen ihr
in Gehrichtung durch Langenrain
und kommen danach zum *Ausgangs-*
punkt.

Langenrain  wurde 1273 erstmals erwähnt. Die Pfarrkirche
St. Josef in Langenrain ging
aus einer im 14. Jahrhundert
erwähnten Kapelle hervor. Der
heutige Bau wurde 1699 errichtet. Das Taufbecken stammt aus
dem 17. Jahrhundert, die Altäre,
die Wappen am Chorbogen, das
Weihnachtsbild und die Schutz-
engelgruppe wurden im 18. Jahrhundert geschaffen. Das barocke,
zweistöckige Schloss wurde Ende
des 17. Jahrhunderts erbaut. Es
besitzt ein Portal und eine Frei-
treppe im Stil der Spätrenaissance. Darüber ist das Allianzwappen
des Bauherrenpaars Marx Anton von Ulm und Maria Theresia
von Freyberg-Ronau angebracht
(1683/1684). Im Hof trafen sich im
Zuge der 1848er-Revolution unter
Friedrich Hecker badische Revolu-

tionäre. In der Nähe steht der ehemalige Wachturm Sophienruhe. Er
diente früher zur Beaufsichtigung
der Weinberge. Von ihm aus hat
man eine schöne Aussicht auf die
Vulkanberge des Hegaus.

Tipps für unterwegs

👁 **Schöne Aussicht
beim Barockschloss Freudental:**
www.schloss-freudental.de

👁 **Heimatmuseum Allensbach:**
www.museum-allensbach.de/
das-museum

🥨 **Biergarten Hof Höfen:**
www.hof-hoefen.com

🛒 **Hofverkauf von regionalen
Produkten**, z. B. Bodensee-Rapsöl,
Rohnhauser Hof:
www.rohnhauserhof.de

〰 **Strandbad Dingelsdorf:**
www.konstanzer-baeder.de

Blühende
Wiesen am See.

Weiter Blick vom Purren

Litzelstetten/Parkplatz – Dingelsdorf – Fließhorn – Strandbad – Litzelstetten – Purren – Parkplatz

Ausgangspunkt:
Litzelstetten (Parkplatz an der L 219 gleich nach Litzelstetten in Richtung Dingelsdorf bei der kleinen Kapelle), GPS-Koordinaten: 47.719198, 9.168576

Schwierigkeitsgrad: Leicht

Kurzinfo: Wir wandern ein Stück auf einem Höhenweg, der uns einen schönen Blick auf den Überlinger See und das gegenüberliegende Ufer bietet. Am schönsten ist dieser Blick vom Aussichtspunkt auf dem Purren. Der andere Teil des Weges führt zwar in Ufernähe, man sieht aber unterwegs nicht viel vom See. Dafür kommt man am kostenlos zu benützenden Strandbad in Litzelstetten vorbei.

↔ 8 km

🕐 2 h

⛰ 110 m

🍴 Dingelsdorf, Litzelstetten

Empfohlene Karte: Wanderkarte Westlicher Bodensee (LGL).

Sonstiges: Wir wandern auf festen Wegen.

Grillmöglichkeiten: Purren.

Öffentliche Verkehrsmittel: Bus.

Wir gehen vom *Parkplatz* bei der kleinen *Kapelle* auf der westlichen Straßenseite kurz in Richtung Dingelsdorf und biegen gleich darauf rechts ab.

Die kleine **Kapelle** zwischen Litzelstetten und Dingelsdorf haben Litzelstetter Bauern 1648 im Dreißigjährigen Krieg erbaut, weil sie von plündernden Schweden verschont geblieben sind.

Wir überqueren die Landstraße, gleich danach knickt der Weg links ab und bringt uns zum Schild *Höhenweg*. Danach wandern wir sanft bergab nach *Dingelsdorf*. Der Höhenrückenweg bringt uns zur querenden Thingoltstraße, der wir nach rechts zur Straße Zur Schiffslände folgen. Gleich danach biegen wir rechts ab in die Fließhornstraße.

In **Dingelsdorf** 1 sind noch einige Fachwerkhäuser aus dem 17. und 18. Jahrhundert zu sehen. Die innen barockisierte Kirche St. Nikolaus geht auf das Jahr 1483 zurück. An der südlichen Chorwand befinden sich Fresken aus der Spätgotik. Die Altäre stammen aus dem 18. Jahrhundert. Sehenswert sind auch die Skulpturen in den Seitenaltären.

Wir wandern nun mit dem Zeichen des Bodensee-Wanderwegs in der Fließhornstraße erst durch ein Wohngebiet, danach durch Wiesen und Felder, wobei wir im Wohngebiet ab und zu zwischen den Häusern einen Blick auf den See haben, danach nicht mehr, weil er durch dichtes Ufergehölz und Bäume verdeckt ist.

Bald kommen wir am *Campingplatz* mit dem Wanderschild *Fließhorn* (405 m) 2 vorbei. Danach beschreibt die Straße einen Rechtslinks-Knick, kurz danach beim *Neuhof* noch einmal. Nun wandern wir durch das Naturschutzgebiet bis zum *Strandbad Litzelstetten.* 3 Nach diesem zieht die Straße nach rechts aufwärts. Vorbei am Schild *Litzelstetten Strandbad* (420 m) und der modernen *ev. Kirche* gehen wir im Holdersteig hinauf zur querenden Durchgangsstraße (Martin-Schleyer-Straße).

Litzelstetten 4 geht auf eine alamannische Gründung zurück, die vielleicht dem fränkischen Königshof in Bodman gehörte. Der Ort wurde erstmals 839 als »Luzzilonsteti« in einer Schenkungsurkunde an das Kloster Reichenau erwähnt. Von 1272 bis zur Säkularisierung 1802 gehörte die Herrschaft über den Ort der Kommende Mainau des Deutschen Ordens. Litzelstetten war der Lieblingsort von Großherzog Friedrich I. von Baden, der 1853 die Insel Mainau übernahm. Die Pfarrkirche St. Peter und Paul geht aus einer bereits im 11./12. Jahrhundert bestehenden Saalkirche hervor. Im 12. Jahrhundert wurde eine romanische Kirche erbaut, in der Spätgotik wurde diese um einen Chor, ein neues Portal und neue Fenster erweitert. Barocke Umbauten brachten einen Chorbogen und einen Hochaltar; weitere Umbauten 1827 und 1907 veränderten das Bauwerk weiter, ab 1977 wurde die Kirche abgerissen und neu erbaut. Einzelne Ausstattungsstücke wie Bilder und Statuen und den Altar hat man wieder verwendet. In Litzelstetten erfand 1879/80 der Ortsgeistliche Johann Martin Schleyer die Kunstsprache Volapük.

Nach der Martin-Schleyer-Straße wandern wir in der Straße Zum Purren geradeaus weiter bis zum Schild *Litzelstetten Zum Purren* (470 m). Hier biegen wir rechts ab in den Marienweg. Vorher sollten wir aber noch einen Abstecher machen.

Hierzu gehen wir geradeaus weiter aufwärts und aus dem Ort hinaus. Am Schild *Purren* (505 m) halten wir uns rechts zu einem schönen Rastplatz mit Bänken und einer Tafel 5, die die Aussicht auf den Bodensee erklärt (s. Tour 12). Wer grillen will, geht noch kurz weiter bis zum *Wasserbehälter*. Danach kehren wir wieder zurück zum Schild *Zum Purren* und halten uns links in den Marienweg. Nach dem Ort erreichen wir wieder den *Parkplatz* bei der kleinen Kapelle.

Tipps für unterwegs

Erlebniswald Mainau:
www.erlebniswald-mainau.de

Blumeninsel Mainau:
www.mainau.de

Biergarten im alten Kloster:
www.erlebniswald-mainau.de

Strandbad Litzelstetten:
www.konstanzer-baeder.de

Strandbad Dingelsdorf:
www.konstanzer-baeder.de

Kühle Waldpartie.

Tour 12

Litzelstetten/Waldparkplatz
Entengraben – Mühlweiher – Dingelsdorfer Ried – Purren – Parkplatz

Ausgangspunkt:
Litzelstetten (Waldparkplatz Entengraben, Litzelstetter Str. 150), GPS-Koordinaten: 47.705461, 9.162888

Schwierigkeitsgrad: Mittel

Kurzinfo: Ob im Frühjahr der Wald in lichtem Grün erscheint, im Sommer wohltuenden Schatten spendet oder im Herbst mit seiner Farbenpracht berauscht – diese Wanderung ist zu jeder Jahreszeit schön. Sie führt durch eines der schönen Waldgebiete auf dem Bodanrück; man sieht romantisch mit Efeu bewachsene Baumstämme, kann

↔ 8,5 km

🕐 2,5 h

⛰ 80 m

🍴 Litzelstetten

sich aber vor allem am idyllischen Mühlweiher und den Seen des Dingelsdorfer Rieds erfreuen.

Empfohlene Karte: Wanderkarte Westlicher Bodensee (LGL).

Sonstiges: Wir wandern auf festen Wegen. Man sollte auf dem Weg zum Dingelsdorfer Ried gut auf die Wanderzeichen gelbe Raute achten.

Grillmöglichkeiten: Purren.

Öffentliche Verkehrsmittel:
Bus nach Litzelstetten.

Urwüchsiger See
im Dingelsdorfer Ried.

Am *Parkplatz* gehen wir am *Wanderschild Waldpark-platz Entengraben* (452 m) geradeaus in den Wald hinein. Nach ein paar Minuten liegt links der idyllische *Mühlweiher,* ❶ zu dem man nur auf seiner Südseite hinkommt.

Danach folgen wir dem Weg weiter zum Schild *Am Mühlweiher* (465 m). Hier halten wir uns links. Bald folgt eine ausgeprägte Linkskurve, anschließend weist uns die gelbe Raute nach rechts. An der nächsten Verzweigung orientieren wir uns links, ebenso an den beiden folgenden querenden Forstwegen.

Nach einer links liegenden Lichtung, als Naturschutzgebiet ausgewiesen, biegen wir links ab. Auch jetzt wandern wir am Naturschutzgebiet vorbei. Bald sehen wir links auch einen der *Seen* des *Dingelsdorfer Rieds.*

Das rund 25 Hektar große **Dingelsdorfer Ried** ❷ ist das größte noch zusammenhängende Feuchtgebiet auf dem unteren Bodanrück. In dem Naturschutzgebiet hat sich ein reichhaltiges Mosaik von Biotopen ausgebildet und man findet eine Vielzahl seltener und geschützter Pflanzengesellschaften und Tierarten. Die Seen- und Ried-

landschaft ist von dichten Mischwäldern umgeben. Die künstlich angelegten Seen sind teilweise dicht bewachsen, man sieht vor allem die Weiße Seerose, aber

Seerosen.

auch die seltene Wasserfeder ist zu sehen. Das Zypern-Seggenröhricht kommt sonst nur noch im Mindelsee vor. An Tieren kann man Enten, Libellen, Blindschleichen und Ringelnattern bestaunen. Aus ornithologischer Sicht gehört das Ried zu den bedeutendsten Feuchtgebieten des Bodanrücks. Regelmäßig brüten hier Krick-, Kolben-, und Knäkente, Wasserralle und

Neuntöter. Ebenso findet man hier Baumfalken, Rohrdommeln, Tüpfelsumpfhühner, Bekassine und Purpurreiher. Auf der Roten Liste gefährdeter Arten stehen Laubfrosch, Wechselkröte, See- und Teichfrosch. Auch zahlreiche Libellenarten leben hier, von der Gemei-

Unberührte Natur.

nen Winterlibelle über die Große Königslibelle bis zur Gefleckten Smaragdlibelle.

Am Ende des Sees steht das Schild *Dingelsdorfer Ried* (460 m). Hier biegen wir später rechts ab. Zuerst sollten wir uns aber links halten und zum Schild *Dammweg* (466 m) gehen. Hier orientieren wir uns links und gehen zwischen den beiden Seen hindurch, wobei man nach links und rechts einen Blick auf die idyllischen Gewässer werfen kann. Danach können wir entweder zurückwandern oder nach den Seen noch kurz geradeaus weitergehen; rechts des Weges sehen wir nun die Riedwiesen.

Wir müssen aber auf jeden Fall zurück zum Schild *Dingelsdorfer Ried* gehen. Dort wandern wir nun geradeaus weiter und kommen sanft ansteigend und vorbei an einem kleinen *Waldweiher* zum Schild *Grießenberg* (477 m). Geradeaus weiterwandernd erreichen wir das Schild *Milchenberg* (479 m). Auch hier behalten wir unsere Richtung bei und verlassen bald den Wald.

Nach dem Parkplatz mit dem rechts liegenden *Grillplatz* kommen wir zum *Aussichtspunkt Purren.*

Der Hausberg von Litzelstetten ist der **Purren** ③. Am Aussichtspunkt befindet sich ein schöner Rastplatz mit Bänken zum Ausruhen. Eine Tafel erklärt die Aussicht auf den Bodensee und in die Alpen. Überlingen, die Wallfahrtskirche Birnau, Meersburg und große Teile des Bodensees sind von hier zu sehen; das prächtige Bergpanorama reicht von den Allgäuer bis zu den Berner Alpen. Herausstechend aus der Bergkette ist der 2502 Meter hohe Säntis, der höchste Berg im Alpstein (Ostschweiz).

Kurz danach biegen wir am Schild *Purren* (505 m) rechts ab. Wir wandern zwischen Wiesen zum Schild *Haslen* (460 m). Hier gehen wir nach links in den Wald, biegen kurz danach

rechts ab und halten uns am nächsten Querweg links zum bekannten Schild *Am Mühlweiher*. Nach links wandern wir nun auf dem schon bekannten Weg zurück zum *Ausgangspunkt.*

Tipps für unterwegs

≋ **Strandbad Wallhausen:**
www.konstanzer-baeder.de

≋ **Strandbad Dingelsdorf:**
www.konstanzer-baeder.de

≋ **Strandbad Litzelstetten:**
www.konstanzer-baeder.de

Im Botanischen Garten
der Konstanzer Universität.

Sehenswerte Botanik auf dem Bodanrück

Litzelstetten/Waldparkplatz Entengraben – Litzelstetten – Mainau – Egg – Universität – Botanischer Garten – St. Katharina – Parkplatz

Ausgangspunkt:
Litzelstetten (Waldparkplatz Entengraben, Litzelstetter Str. 150), GPS-Koordinaten: 47.705461, 9.162888

Schwierigkeitsgrad: Leicht

Kurzinfo: Wenn man einen Besuch der Insel Mainau in eine kurze Wanderung einbinden will, dann ist dies genau der richtige Vorschlag. Wem aber der Eintritt für eine kürzere Besichtigung im Laufe einer Wanderung zu teuer ist, der wird mit dem (kostenlosen) Besuch des interessanten Botanischen Gartens der Universität entschädigt. Ein bisschen Seeblick haben wir nur zwischen Litzelstetten und der Insel Mainau.

↔ 8,5 km

🕐 2,5 h

▲ 150 m

🍴 Mainauparkplatz, St. Katharina

Empfohlene Karte:
Wanderkarte Westlicher Bodensee (LGL).

Sonstiges:
Wir wandern überwiegend auf festen Wegen, kurze Strecken auch unbefestigt.

Öffentliche Verkehrsmittel:
Bus bis Mainau.

Sukkulentensammlung im Botanischen Garten.

Am *Parkplatz* gehen wir am Wanderschild *Waldpark-platz Entengraben* (452 m) in den Wald hinein. Dort biegen wir gleich rechts ab und wandern auf einem unbefestigten, aber breiten Weg durch den Wald. Danach geht es zwischen Weiden hinauf zu einer großen *Feldscheune* und danach zu den ersten Häusern von *Litzelstetten*.

Dort wandern wir geradeaus in der Torkelbergstraße bis zur vorfahrtsberechtigten Martin-Schleyer-Straße, der wir nach rechts folgen. Am Ortsende biegen wir am Wanderschild *Waldemar-Besson-Straße* (449 m) vor *Haus Nr. 2* links ab in Richtung »Mainau«. Der Weg fällt und bringt uns durch Obstbaumplantagen zu einem querenden Weg beim Schild *Mainaublick* (404 m). ❶ Hier folgen wir der Markierung des Bodensee-Wanderwegs nach rechts.

Der Weg bringt uns zu den *Parkplätzen* der Insel Mainau; wer will, kann von hier aus die Insel besuchen.

Die **Insel Mainau** ❷ ist wohl das bekannteste Ziel am Bodensee. Dementsprechend viele Besucher hat die Insel mit der prächtigen Natur. Geboten werden umfangreiche Gartenanlagen, hergerichtet je nach Jahreszeit, und Gewächshäuser, ein Schaubauernhof mit Streichelzoo, ein Vogellehrpfad, ein Insektengarten, ein Schmetterlingshaus, ein Palmenhaus und vieles mehr. Dazu kommt ein reichhaltiges, wechselndes Programm. Sehenswert sind auch das barocke Schloss und die Schlosskirche St. Marien, beides geht auf den Deutschen Orden zurück. Für einen Abstecher während einer Wanderung und einen Schnelldurchgang ist die Insel fast zu schade, zumal auch der Eintrittspreis nicht billig ist.

Danach folgen wir der Allee aus markanten alten Bäumen. Den See sieht man nicht, kann aber an einer Stelle auf einem Trampelpfad nach links ans Ufer gehen. Bald sind wir in *Egg*, wo wir erst an den Gebäuden und dem *Wassersportgelände* der Universität vorbeispazieren. Am Ortsanfang befand sich einst das *Lager Egg*.

Zwischen 1947 und 1961 stand hier das **Lager Egg** 3, in dem ostdeutsche Flüchtlinge und Vertriebene in aus jeweils zehn Räumen bestehenden Holzbaracken provisorisch untergebracht wurden. Die Baracken waren Ende 1943 als Wehrertüchtigungslager der Marine-HJ errichtet worden.

Wir gehen weiter bis zu der kleinen *Kapelle St. Josef.*

Die **Kapelle St. Josef** 4 geht auf das 16. Jahrhundert zurück. Das heutige Bauwerk wurde 1730 errichtet. Der Altar mit einem Bild der Hl. Familie und die Skulpturen befanden sich einst im Kloster St. Katharina. Vor der Kapelle steht ein Brunnen mit einer Fischerskulptur.

Nun biegen wir rechts ab in den Flurweg. Etwas später steigen wir auf Stufen hinauf, überqueren die Straße und gehen dahinter geradeaus hinauf zu den *Gebäuden der Universität* 5. Hier halten wir uns rechts und gehen bis vor den *Wald* am Ende von *Gebäude H2*. Dort wandern wir nach links hinauf zu dem Haus und dort in Richtung »K-R T Z« auf Stufen weiter aufwärts bis zu einer Straße. Ihr folgen wir nach rechts, unter dem Übergang zwischen den Gebäuden hindurch.

Am Ende der Linkskurve, nach der Leitplanke, gehen wir auf einem Pfad in den Wald hinein und auf dem dort querenden Pfad nach links. Ihm folgen wir parallel zur Straße bis zum *Parkplatz Nord*.

Am Schild *Universität Parkplatz Nord* (455 m) biegen wir rechts ab in den Wald. Bald haben wir den *Botanischen Garten der Universität* erreicht. Wenn er geöffnet ist, sollten wir einen kurzen Rundgang durch das Freigelände und die Gewächshäuser machen.

Der **Botanische Garten** 6 erreicht zwar bei Weitem nicht die Größe der Insel Mainau, aber für einen Besuch während der Wanderung ist das, was er bietet, Grund genug für eine Unterbrechung der Tour. Es gibt einen ökologischen Waldlehrpfad, eine Unkrautsammlung, einen Lehrpfad zur Invasionsbiologie, Strandrasen und Riedwiesenpflanzen vom Bodensee und

ters St. Katharina **7** 1436 ist ein Frauenkloster bezeugt, das nach den Regeln der Augustiner-Eremiten lebte. Während der Reformationszeit entwickelte sich sogar eine kleine Wallfahrt, weil hier vorübergehend das »wundertätige Kreuz« von Bernrain untergebracht war. 1667 wurde zu Haus und Kapelle ein Klosterkomplex hinzugebaut. 1808 ging die Anlage in Privatbesitz über, 1809 wurde das Kloster geschlossen und 1850 die mittlerweile baufällige Kirche abgerissen. Ab 1853 befand sich in den Räumen mit Unterbrechungen eine Gastwirtschaft. Heute ist hier ein Biergarten untergebracht.

Nach dem Haus biegen wir am Schild *St. Katharina* (453 m) rechts ab. Am Waldrand nehmen wir an der Verzweigung mit den Wanderzeichen den linken Weg. Links im Wald befindet sich der *Erlebniswald Mainau*.

Der **Erlebniswald Mainau** **8** ist ein Natur-Hochseilgarten. Er bietet zahlreiche begehbare Parcours. Pausen kann man in interessant gestalteten Baumhäusern einlegen. Ausgebildetes Personal sorgt für die Sicherheit der Besucher. Von der Insel Mainau führt auch ein öffentlich zugänglicher Sinnespfad zu dessen Eingang.

vieles mehr zu sehen. Besonders interessant sind auch die Gewächshäuser mit Zitruspflanzen, mit einer großen Sukkulentensammlung, fleischfressenden Pflanzen, Mittelmeer- und Tropenpflanzen. Der Besuch ist kostenlos. Leider ist der Botanische Garten aber nur unter der Woche geöffnet. Sonntags gibt es manchmal Führungen. Auskunft: Telefon (0 75 31) 88 35 97.

Danach marschieren wir weiter bis zu einer *Lichtung*, in der ein Gebäude steht. Hier befand sich einst das *Kloster St. Katharina*.

1263 gibt es erste Hinweise auf einen Eremiten mit Haus und Kapelle an der Stelle des späteren **Klos-**

Grillrast unterwegs.

Vorbei an einigen interessanten Einrichtungen wie Bilderrahmen, die einen völlig neuen Blick auf die Natur dahinter ermöglichen, wandern wir zu einem querenden Weg. Ihm folgen wir nach rechts. Hier liegt rechts der »Klanghügel«, in dem man selbst Klänge aus Holzgegenständen wie einem Baumtelefon, einem Klangstuhl und einem Dendrophon erzeugen kann.

Am Schild *Mainauwald* (444 m) biegen wir links ab und wandern auf dem Waldweg, bis er nach einer Links-, dann Rechtskurve auf die L 221 stößt. Dort wandern wir nach links bis zum rechts der Straße liegenden *Parkplatz*.

Tipps für unterwegs

👁 **Botanischer Garten der Uni Konstanz:** www.uni-konstanz.de

👁 **Blumeninsel Mainau:** www.mainau.de

👁 **Erlebniswald Mainau:** www.erlebniswald-mainau.de

😋 **Biergarten im alten Kloster:** www.erlebniswald-mainau.de

😋🛒 **Mainau-Träff: Bistro und Souvenir-Shop mit regionalen Produkten:** www.mainau.de

〰 **Strandbad Litzelstetten:** www.konstanzer-baeder.de

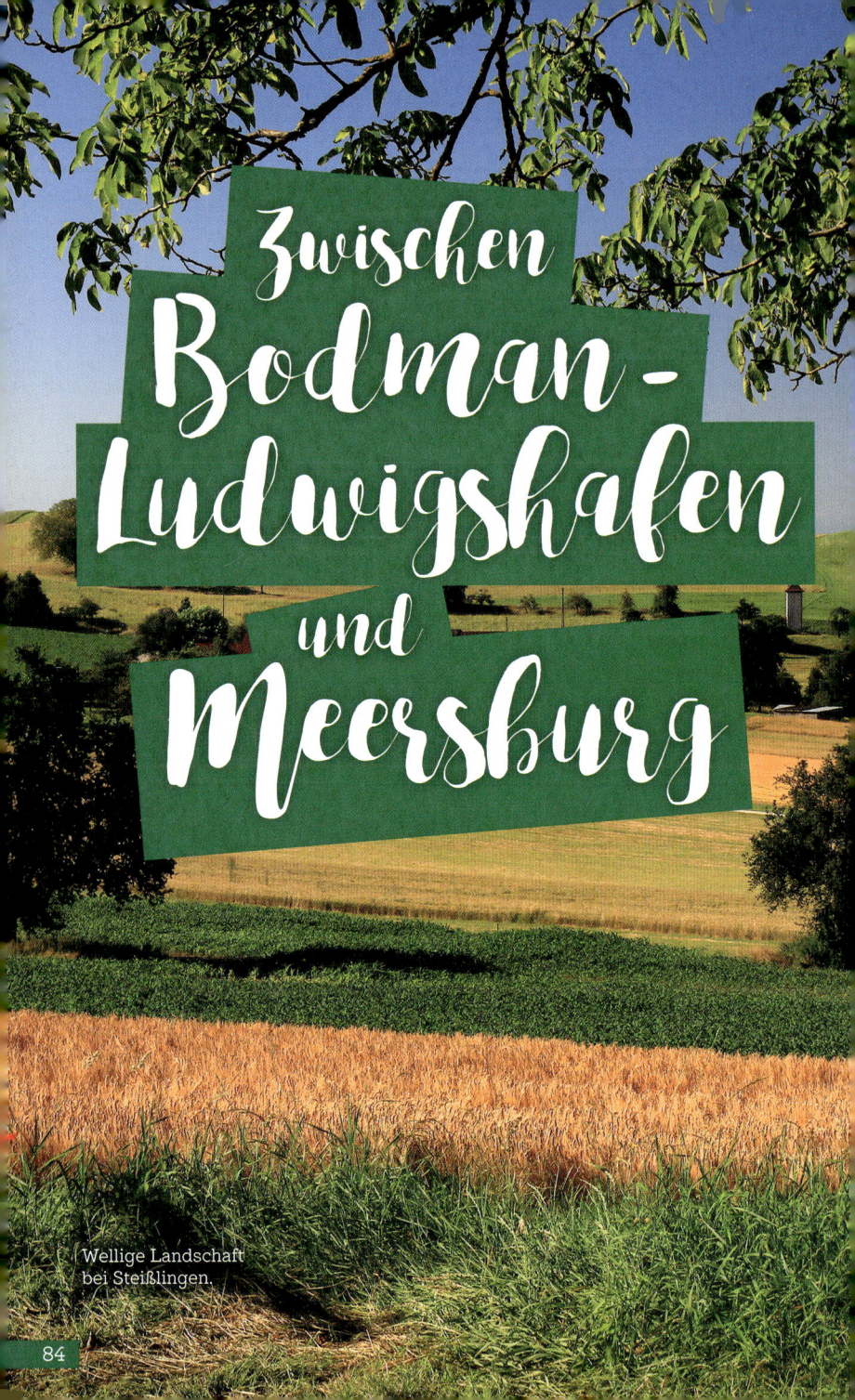

Zwischen Bodman-Ludwigshafen und Meersburg

Wellige Landschaft bei Steißlingen.

Auf dem Panoramaweg zur Ruine Homburg

Tour 14

Steißlingen/Wanderparkplatz Kirnberg – Mittlere Homburg – Ruine Homburg – Weilerhof – Steißlingen – Parkplatz

Ausgangspunkt:
Steißlingen (Wanderparkplatz Kirnberg, erreichbar über die Lange Straße), GPS-Koordinaten: 47.804371, 8.939958

7,5 km

2,5 h

200 m

Steißlingen

Schwierigkeitsgrad: Leicht

Kurzinfo: Ein wunderbarer Panorama-Höhenweg führt uns oberhalb von Steißlingen durch das im Sommer bunte Mosaik von Getreidefeldern, Wiesen und Waldstücken. Dabei hat man die ganze Kette der Hegauvulkane im Blick: Hohentwiel, Hohenkrähen, Mägdeberg, Hohenstoffeln und Hohenhewen. Von der Ruine Homburg bietet sich dann ein wunderschöner Blick zum Bodensee.

Empfohlene Karte: Wanderkarte Westlicher Bodensee (LGL).

Sonstiges: Wir wandern auf den Zufahrtsstraßen zu den Höfen.

Grillmöglichkeiten: Ausgangspunkt.

Vor dem *Parkplatz* steht das Wanderschild *Wanderparkplatz Kirnberg* (524 m). Hier gehen wir nach links die Straße hinauf, biegen aber kurz danach rechts ab. Nun wandern wir auf einem Panoramaweg mit herrlichem Blick in den Hegau an den Höfen *Hinterhomburg, Mittlere Homburg* und *Vorderhomburg* und den Wanderschildern *Hinterhomburg* (590 m) und *Mittlere Homburg* (588 m) vorbei.

Vor dem Hof **Hinterhomburg** ❶ sollten wir einen Blick in die kleine Kapelle werfen. Sie ist mit einem künstlerisch interessanten Bild ausgestattet.

Schließlich kommen wir zur Ansiedlung *Schlosshöfe* und dem Wanderschild *Ruine Homburg* (620 m). Hier geht es später nach rechts weiter. Erst gehen wir aber nach links zur *Ruine Homburg*.

Wir steigen den als flächenhaftes Naturdenkmal geschützten Burgberg hoch zur **Ruine Homburg.** ❷ Ihre Entstehung reicht vermutlich ins 11. Jahrhundert zurück. Das Geschlecht der Homburger wurde mit Adalbert und Eberhard 1096 erstmals genannt. Sie waren wichtige Gefolgsleute der Kaiser und der Kirche, kämpften gegen die Ungarn und nahmen an den Kreuzzügen teil. Als die Burg 1499, trotz 63 Mann Besatzung, bei einer Belagerung durch die Schweizer abbrannte, wurden auch die dort in Sicherheit gebrachten Urkunden der Hegauer Adeligen vernichtet. Die Burg wurde 1502 wieder aufgebaut, 1642 aber endgültig vernichtet. 1565 kaufte sie Hans Caspar von Bodman von seinem Schwiegervater Wolf von Homburg. 1614 wurde die Herrschaft von den Herren von Bodman für 65 000 Gulden an das Kloster St. Gallen verkauft. Im Dreißigjährigen Krieg wechselte die Besat-

Unterwegs auf
dem Panoramaweg.

Toller Ausblick von Ruine Homburg.

zung mehrmals. Schließlich wurde die Burg mit ihrer österreichischen Besatzung im Oktober 1642 vom Kommandanten Konrad Widerholt überfallen und niedergebrannt. Erhalten sind noch einige hohe Mauerteile der Gebäude und der Ummauerung; ein Mauerteil kann bestiegen werden. Oben befindet sich eine Aussichtsplattform. Von der Ruine hat man einen prächtigen Blick zum Bodensee und den Schweizer Alpen.

Danach wandern wir auf dem Sträßchen hinab bis zu einem *Umspannhäuschen*. Hier biegen wir mit dem Wanderzeichen rechts ab. Wir kommen am *Weilerhof* vorbei, kurz danach zum Wanderschild *Beim Weilerhof* (568 m). ❸ Hier halten wir uns an der Verzweigung links.

Nun wandern wir leicht abwärts in den Wald. Wo dort links und rechts Wege einmünden und das Riemenbächle auf die rechte Straßenseite wechselt, biegen wir mit dem Schild *»Rundweg Korriswinkel«* rechts ab. Der Waldweg knickt nach einiger Zeit rechts ab. Danach folgt eine Links-, dann wieder eine Rechtskurve. Etwas später quert ein Forstweg.

Auf ihm gehen wir nach links hinab zu einem *Parkplatz*.

Kurz danach verlassen wir den Wald und kommen zu den ersten Häusern von *Steißlingen*. Wir wandern immer geradeaus bis zur vorfahrtsberechtigten Lange Straße. Dort halten wir uns rechts. Wo die Straße nach den letzten Häusern nach rechts zieht, gehen wir geradeaus in den Wald hinein. Vorbei an zwei *Wasserbehältern* steigen wir steil hinauf zum *Parkplatz*.

Nun kann man in Steißlingen einkehren oder sich am See vergnügen.

Die Pfarrkirche St. Remigius in **Steißlingen** ❹ ist eine spätgoti-

Ruine Homburg.

sche Saalkirche (1465–1503). Das Tonnengewölbe unter dem Turm war das ehemalige Beinhaus und diente später als Gruft der Ortsherren. Im Chor befindet sich ein spätgotisches Netzgewölbe mit neugotischer Rankenmalerei. Die Wappenscheiben im Chor stammen vom Ende des 15. Jahrhunderts. Das Sakramentshaus und das Chorgestühl wurden 1515 geschaffen. Im Chorbogen befindet sich eine Mondsichelmadonna; sie gehörte zusammen mit den Figuren der beiden Johannes zu einem Rosenkranzaltar. Das Kruzifix wurde um 1500 geschaffen, der hl. Nepomuk Mitte des 18. Jahrhunderts. Im Ort sieht man noch alte Fachwerkhäuser. So zum Beispiel den Steißlinger Herrentorkel, eine imposante Vierflügelanlage. Torkel sind Weinpressen

(lat. torquere = drehen; torculum = Kelter). Heute befindet sich in diesem schönen Gebäude eine Begegnungsstätte für die Steißlinger Bürger. Idyllisch ist auch der Steißlinger See, in dem man auch baden kann.

Tipps für unterwegs

👁 **Hübsches Kleinod: Beuren an der Aach:** www.beurenanderaach.de

🍺 **Biergarten auf der Burg Hohenfriedingen:** www.friedinger-schloessle.de

〰 **Baden im Naturdenkmal Steißlinger See:** www.steisslingen.de

Blick auf Bodman
und den Bodanrück.

Mit Bodenseeblick
zum Römerbrunnen

Ludwigshafen – Spittelsberg – Römerbrunnen – Espasinger Berg – Forsthausstüble – Aachried – Ludwigshafen

Ausgangspunkt:
Ludwigshafen (Sportplatz, Im Gröblen 31),
GPS-Koordinaten: 47.822372, 9.053735

9 km

2,5 h

220 m

Campingplatz, Ludwigshafen

Schwierigkeitsgrad: Mittel

Kurzinfo: Im Frühjahr bezaubern bei dieser Wanderung das frische Grün des Waldes und die blühenden Obstbäume, im Sommer ist man für den Schatten der Bäume dankbar und im Herbst erfreut man sich an den rotbackigen Äpfeln in den Obstbaumplantagen – kurzum, diese Wanderung ist zu jeder Jahreszeit interessant. Wir steigen zuerst durch den Wald hinauf zur Hochfläche, von der wir schöne Ausblicke zum See haben. Auf dem Rückweg kann man einen Abstecher ins Aachried mit seiner idyllischen Natur machen.

Empfohlene Karte: Wanderkarte Westlicher Bodensee (LGL).

Sonstiges: Wir wandern auf festen Wegen und Naturpfaden. Die Erweiterung durch das Aachried ist etwa zwei Kilometer lang. Man benötigt dafür etwa eine halbe Stunde, weitere Höhenmeter fallen nicht an. Die Parkplätze in Ludwigshafen am Bahnhof und in Seenähe sind kostenpflichtig und zeitlich beschränkt; die empfohlene Parkmöglichkeit ist kostenlos. Wer mit der Bahn kommt, geht in der Bahnhofstraße zur B 34, wo er auf der anderen Seite etwas nach rechts versetzt die kleine Friedhofskapelle sieht. Dort folgt man wie beschrieben der Kronbühlstraße.

Öffentliche Verkehrsmittel: Bahn.

Wir gehen vom Sportplatz aus erst in der Straße Im Gröblen abwärts. Sie geht in den Fuchsweg, dann in die Talstraße über. Diese zieht nach rechts und führt uns, erst am Bach entlang, dann parallel zu einer Reihe von Pultdachhäusern zum *Friedhof*. **1** Nach diesem halten wir uns rechts, gleich darauf an der vorfahrtsberechtigten Straße noch einmal. Vor der kleinen *Kapelle* **2** biegen wir rechts ab in die Kronbühlstraße.

Die **Friedhofskapelle St. Anna** wurde 1744/1764 erbaut. Sie ist mit Stuckarbeiten und Skulpturen aus dem 18. Jahrhundert geschmückt. An der Giebelaußenwand sieht man eine Vedute (= eine naturgetreue Malerei) mit dem Überlinger See mit Bodman und Ludwigshafen als Motiv, dazu Bauern mit einer Viehherde und einen Engel, der ein Abbild der Kapelle in den Händen trägt. Der Bau der Kapelle geht auf ein Gelübde zurück. Danach versprachen im Jahr 1734 Bauern den Bau einer Kapelle, wenn sie von einer Rinderpest verschont bleiben würden, die im Hegau grassierte.

An der Verzweigung beim Wanderschild *Ludwigshafen Friedhof* (415 m) folgen wir weiter der Kronbühlstraße. Sie zieht kurz darauf nach links, hier gehen wir mit dem Sackgassenschild und dem Wanderzeichen gelbe Raute in der Straße Am Guggenbühl geradeaus weiter.

Sie bringt uns nach den Häusern in den Wald, wo wir uns kurz darauf mit der gelben Raute links halten. Nun geht es auf einem Naturpfad im Zickzack und teilweise auf Stufen steil hinauf. Oben auf der Hochfläche angelangt, kommen ein paar prächtige *Aussichtspunkte* **3** mit Blick auf den Bodensee und den gegenüberliegenden Bodanrück mit der Ruine Altbodman, darunter liegt der Ort Bodman.

Hoch überm
Überlinger See.

Es geht am *Wasserbehälter* vorbei, danach wieder ein Stück durch den Wald und nach ihm entlang von *Obstplantagen* (Spittelsberg) **4**. Wieder im Wald müssen wir aufpassen: Nach links zweigt ein unscheinbarer Pfad mit der gelben Raute in Richtung »Römerbrunnen« ab. Nach einem scharfen Schluchteneinschnitt erreichen wir den *Römerbrunnen*.

Friedhofskapelle St. Anna in Ludwigshafen.

Es könnte sein, dass die Römer, die sich einst in der Umgebung aufgehalten haben, die Quelle des heutigen **Römerbrunnens** **5** als Tränke genutzt haben. Die Ortsgruppe Stockach des Schwarzwaldvereins hat den Brunnen 2003 wieder hergerichtet. Bänke laden zur Rast ein.

Danach sehen wir das Schild *Römerbrunnen* (522 m). Hier biegen wir links ab und wandern zwischen Feldern zum Schild *Espasinger Berg* (522 m) **6**. Dort biegen wir links ab, gehen an dem kleinen Kreuz vorbei in den Wald und halten uns dort an der Verzweigung mit dem Zeichen links. Nach dem Wald wandern wir wieder durch Obstplantagen zu den *Häusern*. Nun biegen wir am Schild *Forsthausstüble* (475 m) **7** rechts ab.

Am Römerbrunnen

Der Weg zieht nach dem Fachwerk-haus nach rechts und bringt uns zum Schild *Spittelsberg Sendemast* (475 m). Hier orientieren wir uns links.

Jetzt geht es steil hinab zur B 34. Da-hinter wandern wir auf der Zufahrts-straße in Richtung »Campingplatz«. Gleich darauf an der Linkskurve und dem Schild *Bahnübergang Camping-platz* (398 m) **8** müssen wir uns ent-scheiden. Wer gleich zurück will, folgt dieser Straße zum Campingplatz, geht am Schild *Campingplatz Ludwigs-hafen* (399 m) geradeaus weiter und erreicht parallel zu den Bahngleisen das Schild *Ludwigshafen Waschplatz* (399 m). Hier geht man entweder geradeaus zum *Bahnhof* weiter oder nach links durch die Unterführung auf die andere Straßenseite der Bun-desstraße und dort nach rechts zu der kleinen *Kapelle* am Friedhof, an der man zu Beginn vorbeigekommen ist. Nun geht man auf bekanntem Weg

zurück zu seinem jeweiligen Aus-gangspunkt.

Man kann die Tour aber noch et-was erweitern: Dazu nimmt man an der Linkskurve beim Schild *Bahnübergang Campingplatz* den rechts abgehenden Schot-terpfad in Richtung »Bodman«. Er bringt uns zum Schild *Im Hagen* (397 m). Dort biegt man links ab und wandert durch das prächtige, unter Naturschutz stehende Aachried zur *Aachbrücke* (397 m). Hier sieht man, wie die Stockacher Aach in den Bodensee fließt.

In dem über 130 Hektar großen **Naturschutzgebiet Aachried** **9** mündet die Stockacher Aach in den See. In dem Gebiet leben zahlreiche brütende und rastende Vögel wie Zwergtaucher, Eisvögel, Nachtigall oder Teichrohrsänger; sogar Biber findet man hier. Eine Aussichtsplatt-form am Ufer bietet Sicht auf den See. Es sind auch gefährdete Pflan-zenarten zu finden, so entlang der angrenzenden Streuwiesen unter anderem die Sibirische Schwertlilie.

Nun wandert man entlang des Ufers – ab und zu kommen Bänke, die Beob-achtungsplattform und ein Zugang zum See – zum Campingplatz. Am Schild *Campingplatz Ludwigshafen* biegt man rechts ab und wandert wie oben beschrieben zurück.

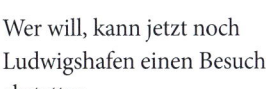

Wer will, kann jetzt noch Ludwigshafen einen Besuch abstatten.

Etwa von 1500 stammt der Turm der kath. Pfarrkirche St. Othmar in **Ludwigshafen** 🔟, der Rest wurde 1962 erbaut. Altar und Kanzel wurden vermutlich von Georg Anton Machein (1725) gestaltet. Sehenswert ist noch eine Maria mit Kind von 1480, die Nikolaus Weckmann zugeschrieben wird. Das heutige Rathaus war einst das großherzoglich badische Hauptzollamtsgebäude. Das klassizistische Bauwerk war ursprünglich einstockig und wurde 1837 um ein Geschoss erhöht. Von der Vergangenheit als Transitplatz für Waren und Zollgrenze zu Schweiz und Österreich zeugt ein Kran davor aus dem frühen 19. Jahrhundert. In der Nähe steht die Skulptur Hermes des einheimischen Künstlers Reinhard Siecke. Wer den Ort bei einer interaktiven Führung mit dem Smartphone erleben möchte, lädt sich die in den »Tipps für unterwegs« beschriebene App herunter.

Tipps für unterwegs

👁 **Interaktive Stadtführung durch Bodman-Ludwigshafen:** www.bodenseepur.de

👁 **Künstlergarten von Reinhard Siecke:** www.siecke.com

👁 **Relief »Ludwigs Erben« des Künstlers Peter Lenk in Ludwigshafen:** www.bodenseepur.de

👁 **Schlosspark von Schloss Bodman:** www.bodenseepur.de

〰 **Strandbad Bodman:** www.strandbad-bodman.de

〰 **Strandbad Ludwigshafen:** www.strandbad-ludwigshafen.de

Blick auf
Sipplingen.

Über die Ruine Hohenfels zu den Churfirsten

Überlingen/Haldenhof – Ruine Hohenfels – Sipplingen – Churfirsten – Sipplinger Berg – Haldenhof

Ausgangspunkt: Überlingen (Haldenhof), GPS-Koordinaten: 47.806673, 9.091367

Schwierigkeitsgrad: Anspruchsvoll

Kurzinfo: Immer wieder bietet uns diese Wanderung einen herrlichen Blick auf den Bodensee. Wir kommen an der Ruine Hohenfels, von der leider nicht mehr viel übrig ist, vorbei und an den Churfirsten, markanten Steinformationen, die eine Besonderheit der Gegend darstellen. Außerdem verläuft ein Teil der Tour auf dem Geologischen Lehrpfad Sipplingen, der auf verschiedenen Tafeln Interessantes über die Entstehung des Untergrunds und des Bodensees zu erzählen weiß.

8 km

3 h

340 m

Haldenhof, Sipplingen

Empfohlene Karte: Wanderkarte Westlicher Bodensee (LGL).

Sonstiges: Die Wanderung verläuft auf festen Wegen und Sträßchen, aber auch auf Naturpfaden, die zum Teil steil sind und rutschig sein können. Alternative (kostenlose) Ausgangspunkte sind der Parkplatz Süßenmühle oder das kleine Gewerbegebiet von Sipplingen, durch das man bei dieser Tour kommt.

Grillmöglichkeiten: Am Ende der Tour kurz vor dem Aussichtspunkt Zimmerwiese.

Öffentliche Verkehrsmittel: Bahn bis Sipplingen.

Wir gehen vom *Wanderparkplatz* kurz vor dem *Haldenhof* zum Restaurant, wo wir zuerst einmal die Aussicht vom Außenbereich des Lokals bewundern können. Danach wandern wir am *Parkplatz* des Restaurants am Schild *Haldenhof* (650 m) auf dem steil abwärts führenden Pfad in Richtung »Sipplingen« hinab. Nach kurzem Abstieg sind wir bei der *Ruine Hohenfels* (610 m).

Die zwischen 1150 und 1190 erbaute **Burg Hohenfels** ❶ liegt unterhalb des Haldenhofes, der 1441 erstmals als Wirtschaftshof für die Burg genannt wurde. Aus der Erbauungszeit stammt wohl der Wohnturm. Die Herren von Hohenfels waren vermutlich ein staufisches Dienstmannengeschlecht, das mehrfach im Umkreis dieses Herrschergeschlechts genannt wurde. Als Ministeriale der Bischöfe von Konstanz übten sie die niedere Gerichtsbarkeit über Sipp-

lingen aus. Zu der Familie gehörte auch der 1212 bis 1242 in Urkunden von Kaiser Friedrich II. und König Heinrich VII. als Zeuge erwähnte Minnesänger Burkhard von Hohenfels, ein Zeitgenosse Walthers von der Vogelweide. In der Manessischen Liederhandschrift sind von ihm 18 Lieder erhalten. Er war der vielleicht begabteste und bekannteste der Minnesänger der Bodenseegegend. Die Burg kam später nach anderen Besitzern an das Überlinger Spital. Sie wurde 1641 zerstört und verfiel danach. Man sollte auf den kleinen Hügel gehen, wo noch Mauerreste stehen: Von hier aus hat man auch wieder einen schönen Blick auf den See.

Danach steigen wir auf dem Pfad weiter abwärts; immer wieder kommen wir an Infotafeln des Geologischen Lehrpfads vorbei. Einmal führt der Weg entlang einer *Molassefelswand*, hier ist der Weg sogar durch ein Geländer gesichert.

Sonnenliege mit Seeblick.

Ruine Hohenfels

Schließlich kommen wir zu den ersten *Häusern* von *Sipplingen*. Hier biegen wir am Schild *Haldenhofstraße* **2** links ab und folgen mit dem Zeichen des Bodensee-Wanderwegs links der letzten Häuserreihe der Straße Am Schallenberg.

Nach den letzten Häusern wandern wir ein Stück zwischen Wiesen und Kleingärten bis vor ein *Gewerbegebiet*. Dort halten wir uns an der Querstraße links, dann gleich wieder rechts in die Straße Längerach. Nach den ersten *Sportanlagen* folgen wir der Straße durch das Wohngebiet bis zur querenden Morgengasse. In sie biegen wir links ein.

Kurz danach, beim nächsten *Sportplatz,* ist auf dem *Wanderschild* **3** bereits »Churfirsten« angeschrieben. Wir wandern weiter auf der Straße, vorbei am links liegenden *Naturschutzgebiet Burghalde*.

Wo nach einer Rechtskurve die Straße etwas nach links zieht, werden wir zu den »Churfirsten« nach rechts verwiesen. An der Verzweigung im Wald nehmen wir den linken Weg. Leicht ansteigend kommen wir zum Schild *Churfirsten* (482 m). Nach rechts führt uns der Weg hinauf zu den Felsformationen.

Die **Churfirsten** **4** sind fünf bis sieben Meter große, pfeilertartige Sandsteinfelsen, die in der Nacheiszeit durch Erosion von Regen und Wind entstanden sind. Der Name dieser geologischen Besonderheit entstand, weil die Decksteine an ihrer Spitze, die aus härterem Gestein sind und sie vor noch stärkerer Erosion geschützt haben, wie

die Kopfbedeckungen von Kurfürsten früherer Zeiten aussehen. Aber trotz dieses Schutzes erodieren die Felsen weiter und werden allmählich verschwinden. Vor rund 100 Jahren sollen es 18 solcher Steingebilde gewesen sein, heute sind es noch sieben. Unterhalb befindet sich in der Molassefelswand eine kleine Höhle.

Nachdem wir die Natursehenswürdigkeit bewundert haben, gehen wir wieder hinab zum Wanderweg und wandern nach rechts weiter durch die Wiesen bis zum *Parkplatz Süßenmühle*. Hier biegen wir am Wanderschild vor dem Parkplatz links ab auf das Sträßchen. Etwas später nehmen wir die rechts abgehende Straße, die uns hinauf auf die Hochfläche bringt.

Oben wandern wir an einem *Wanderschild* vorbei. Jetzt orientieren wir uns an den Wanderzeichen für den Jubiläumsweg Bodenseekreis und den SeeGang. Gleich darauf knickt die Straße vor dem *Umspannwerk* rechts ab, wir wandern aber auf dem Schotterweg geradeaus weiter. Bald geht es auf einem Pfad durch den Wald, wir kommen am Schild *Am Käsberg* vorbei, danach wandern wir entlang einer Weide. Der Weg knickt nach einer Weile rechts ab zum Schild *Wanderhütte*. Hier halten wir uns links.

Wir passieren bald einen *Brunnen*, danach kommen wir zum Schild *Beim Brünnele* und einem links liegenden *Grillplatz*. Etwas später sehen wir links einen Aussichtspunkt,

Ruine Hohenfels.

kurz danach links die *Zimmerwiese* (567 m) **5** – ebenfalls ein wunderbarer Aussichtspunkt, der mit Bänken ausgestattet ist.

Dort nehmen wir an der Verzweigung den rechts abgehenden Feldweg. Etwas später am Waldrand verzweigt er sich. Wir halten uns an den mit der Markierung für den See-Gang versehenen Weg rechts, der in den Wald hineinführt und dort ansteigt. Bald steiler werdend führt er uns zu einer Verzweigung, wo wir rechts die Gebäude des *Wasserwerks* **6** sehen und der Weg nach »Nesselwangen« abgeht. Hier gehen wir geradeaus am Steilhang entlang weiter.

Wir kommen an verschiedenen Aussichtspunkten und einem Lehrpfadschild vorbei, danach geht es kurz steil hinab zum *Haldenhof*.

Tipps für unterwegs

👁 **Werksbesichtigungen Bodensee-Wasserversorgung:** www.sipplingen.de

👁 **Sipplingens schöne historische Altstadt:** www.sipplingen.de

🍴 **Höhengasthof Haldenhof:** www.gasthaus-haldenhof.de

〰 **Strandbad Ludwigshafen:** www.strandbad-ludwigshafen.de

Malerischer Rastplatz
hoch überm See.

Durch den wilden Spetzgarter Tobel zur Gletschermühle

Tour 17

Überlingen/Goldbach –
Spetzgarter Tobel – Schloss Spetzgart –
Hödingen – Gletschermühle – Goldbach

Ausgangspunkt:
Überlingen/Goldbach (Sylvesterkapelle; kosten-
pflichtiger Parkplatz am westlichen Ende von Überlingen vor dem Campingplatz, Bahnhofstr. 54),
GPS-Koordinaten: 47.770542, 9.138771

6 km

2 h

230 m

Schwierigkeitsgrad: Leicht

Kurzinfo: Diese Tour führt uns zuerst durch den
wilden Spetzgarter Tobel, danach geht es am Steilabfall entlang. Die besondere Natursehenswürdigkeit dieser Wanderung ist die außergewöhnlich große Gletschermühle. Dazu haben wir immer
wieder einen prächtigen Blick auf den Überlinger See. Aber auch die Sylvesterkapelle in Goldbach mit ihren schönen Fresken ist einen Besuch wert.

Empfohlene Karte: Wanderkarte Westlicher Bodensee (LGL).

Sonstiges: Wir wandern meist auf schmalen Na-
turpfaden. Bei feuchtem Wetter sollte man an den
Steilstellen vorsichtig sein, außerdem sollte man am
Steilabfall schwindelfrei sein. Nach Regen oder gar
Unwettern können einzelne Streckenabschnitte im
Spetzgarter Tobel sehr rutschig und schwer begeh-
bar oder gar gesperrt sein. Einen kostenlosen Alter-
nativparkplatz finden wir bei Hödingen.

Öffentliche Verkehrsmittel: Bus bis zur
Haltestelle Goldbach Sylvester-Kapelle.

Zuerst spazieren wir auf dem Gehweg neben der Straße zu der bereits sichtbaren *Sylvesterkapelle*.

Die **Kapelle St. Sylvester** ❶ in Goldbach stammt aus der Vorromanik. Angenommen wird, dass sie um 840 von einem alamannischen Grafen gestiftet und mit Reliquien des Marcianus/Martianus, einem Märtyrer aus der Frühzeit des Christentums, ausgestattet wurde. Sie besitzt bedeutende Wandmalereien aus der Zeit der Karolinger (Mitte 9. Jh.), die als die ältesten im Bodenseeraum gelten. Außerdem sieht man einen ottonischen Bilderzyklus vom Anfang des 10. Jahrhunderts mit Szenen aus dem Leben Jesus; damals wurde die Kapelle vergrößert. Die Malereien stammen vermutlich von Mönchen aus dem Kloster Reichenau. Wer den Schlüssel zur Kapelle hat, ist an der Türe angeschrieben.

Nun biegen wir mit dem Wanderzeichen für den »Jubiläumsweg Bodenseekreis« gegenüber der Kapelle in die Straße Goldbach in Richtung »Hödingen Spetzgarter Tobel« ein.

Der Weg führt uns durch den Weiler *Goldbach*, an dessen Ende wir an der Linkskurve nach rechts verwiesen werden. Gleich darauf orientieren wir uns an der Rechtskurve links, unterqueren die Bundesstraße und kommen in den Wald zum *Spetzgarter Tobel*.

Im **Spetzgarter Tobel** ❷ mit seiner urwaldähnlichen Atmosphäre hat der Killbach eine bis zu 65 Meter tief eingeschnittene Erosionsschlucht (Tobel) in der »Sipplinger Molasselandschaft« geschaffen. Er ist seit 1938 als Naturschutzgebiet ausgewiesen. Insbesondere sollen der Orchideen-Buchenwald, der Bacheschenwald, Bergulmen- und Bergahornbestände und die Bestände an Bärlauch, Strauchkronwicke, Maiglöckchen, Wald-Geißbart sowie hier vorkommende alpine Pflanzenarten geschützt werden.

Dort wandern wir neben dem kleinen Bach zu einer Holzbrücke, überqueren sie und steigen danach auf schmalem Pfad im Zickzack hinauf zu *Schloss Spetzgart.* ❸

Wir folgen dem zwischen dem Schloss und dem Tennisplatz verlaufenden Sträßchen in Richtung »Hödingen 1,2 km« und halten uns am Ende des Schlosses an der Verzweigung rechts. Nun kommen wir hinaus in die Wiesen. Etwas später am Schild *Hirmgasse* biegen wir rechts ab und steigen auf dem Wiesenpfad zu dem bereits sichtbaren weiteren *Wegweiser* hinauf.

Wir wandern geradeaus weiter bis zu einem asphaltierten Weg, wo wir links abbiegen. Es geht vorbei an dem mächtigen *Baum* und dem kleinen *Flurkreuz*, wo wir das Schild *Torkelbühl* sehen; danach geht der Weg mit herrlichem Blick auf den See durch die Baumwiesen geradeaus weiter. Schließlich führt er hinab zu den ersten Häusern von *Hödingen*. **4**

Dort biegen wir in der Brunnenstraße rechts ab. An der vorfahrtsberechtigten Straße kurz darauf halten wir uns links (Zum Rebösch); nun verlassen wir auch den Jubiläumsweg. An der Linkskurve wandern

Kapelle St. Sylvester in Goldbach.

wir geradeaus weiter. Hier finden wir den erwähnten kostenlosen *Alternativparkplatz*.

Nun geht es auf einem Pfad im Wald steil hinab. Nach ein paar Minuten sehen wir ein *Wanderschild* und links eine Felswand, hier biegen wir mit dem Zeichen des Bodensee-Wander-

Blick in die Gletschermühle

wegs links ab. Wir wandern vorerst immer am Steilhang entlang, immer wieder mit prächtigem Blick hinab zum Bodensee. Links sehen wir Häuser und es geht am nächsten *Wanderschild* vorbei. Schließlich kommen wir in die Weinberge, hier werden wir erst nach rechts, dann nach links verwiesen. Rechts befindet sich aber auf einer kleinen Anhöhe die *Gletschermühle*, zu der wir hinaufsteigen sollten.

Die **Gletschermühle** ⑤ entstand in der Eiszeit durch Steine, die sich in ihr drehten. Dadurch wurde der rundliche Kessel im Sandsteinfels ausgeschliffen.

Danach folgen wir dem Wanderweg, der uns zu einer Schranke bringt. Nun folgen wir dem links der Straße verlaufenden Asphaltweg, bis er auf die Straße trifft. Wir halten uns rechts, überqueren die Bundes-

straße und zweigen gleich danach rechts ab in die Straße Auf Imber in Richtung »Goldbach«. Immer dem Wanderzeichen folgend erreichen wir bald einen Hohlweg, der zwischen senkrechten Felswänden verläuft.

In ihm gehen wir hinab nach *Goldbach*. Nach rechts kommen wir zur *Kapelle St. Sylvester*, dort geht es nach links zurück zum *Parkplatz*.

Tipps für unterwegs

👁 **Besichtigung Überlingen:**
www.ueberlingen-bodensee.de

👁 **Goldbacher Stollen:**
www.ueberlingen-bodensee.de

👁 **Bodensee-Zoo:**
www.haustierhof-reutemuehle.de

〰 **Bodensee-Therme Überlingen:**
www.bodensee-therme.de

〰 **Strandbad West:**
www.ueberlingen-bodensee.de

〰 **Strandbad Ost:**
www.ueberlingen-bodensee.de

〰 **Strandbad Nußdorf:**
www.nussdorf-bodensee.de

Fachwerkhof im Ried.

Tour 18

Salem/Stefansfeld – Weildorf – Riedwiesen – Frickingen – Riedwiesen – Stefansfeld

Ausgangspunkt:
Salem/Stefansfeld (Parkplatz
am westlichen Ortsende),
GPS-Koordinaten: 47.776472, 9.284693
....

Schwierigkeitsgrad: Leicht
....

Kurzinfo: Wir wandern ohne Höhenunterschied durch die Riedwiesen zwischen
Salem, Stefansfeld und Frickingen. Immer wieder sehen wir idyllische Land-
schaftsszenerien, die von markanten
Bäumen und Wiesen geprägt sind. Im Hintergrund thront
Schloss Heiligenberg wie eine weiße Perle auf dem Berg.
....

Empfohlene Karte: Freizeitkarte 529
Östlicher Bodensee (LGL).
....

Sonstiges: Wir wandern auf festen und unbefestigten Wegen. Der Verlauf der Wege durch die Riedwiesen ist in der Realität etwas anders als auf
der amtlichen Karte dargestellt.

↔ 11 km

🕐 3 h

⛰ 20 m

🍴 Stefansfeld

Wenn man will, kann man die im Zentrum von *Stefansfeld* stehende große *Kapelle* bereits vor der Tour besichtigen.

In **Stefansfeld** 1 steht eine im Stil eines griechischen Kreuzes 1707 bis 1710 unter Franz Beer als Votiv- und Memorialbau anlässlich der Abwehr der Türken und des Wiederaufbaus des Klosters Salem errichtete Kapelle. Sie ist im Inneren spartanisch und streng eingerichtet, abgesehen von dem prachtvollen schmiedeeisernen Gitter. Sehenswert ist auch die Kuppel im Stil des Pantheons, wobei die Kassetten gemalt sind. Der Stuck stammt von Franz Joseph Feuchtmayer. Im Friedhof sieht man zahlreiche klassizistische Grabsteine von badischen und Salemer Amtsträgern (19. Jh.). In Richtung des Klosters Salem stehen große Stall- und Scheunengebäude des ehemaligen Klosters mit prachtvollen Portalschlusssteinen.

Von der Kirche oder vom Parkplatz spazieren wir zum westlichen Ortsende von Stefansfeld und gehen auf der Westseite des Baches nach Norden. Dieses Wegstück wird auch zum Teil unser Rückweg sein.

Bei einer *Brücke* biegen wir in Richtung »Weildorf« rechts ab und wandern bis vor die Landstraße. Dort biegen wir links in Richtung Weildorf ab. Gleich darauf orientieren wir uns bei dem mächtigen *Baum* noch einmal links in einen Feldweg. Wer jedoch zur sehenswerten Kirche in Weildorf will, wandert geradeaus weiter.

Das Westportal der Pfarrkirche in **Weildorf** 2 stammt aus der Spätgotik (etwa Ende 15. Jh.). 1689 fanden unter einem Salemer Abt umfangreiche Umbauten statt. Sehenswert sind insbesondere die aus dem 18. Jahrhundert stammende mächtige Altarwand, die Beichtstühle und die fein gearbeiteten, vollplastischen Kreuzwegbilder, die 1757 von Joseph Anton Feuchtmayer geschaffen wurden. Außerdem sieht man im Ort noch einige Wohngebäude und Scheunen aus dem 18. Jahrhundert.

Wir gehen immer geradeaus in die Felder hinein. Der Weg knickt schließlich rechts ab und bringt uns durch ein kleines *Naturschutzgebiet*, 3 wo wir einen Bach überqueren. Danach zieht der Weg nach rechts, geht bald in einen Grasweg über und bringt uns zu einem Asphaltweg unter Elektroleitungen. Hier gehen

wir auf dem hinter dem Asphaltweg verlaufenden Schotterweg weiter.

Es geht immer auf das hoch
oben liegende Heiligenberg und
die Häuser von *Lampach* zu.
Vor dem Fachwerkgebäude in
Lampach ❹ stoßen wir auf
einen asphaltierten Weg. Ihm
folgen wir nach links. Nun
wandern wir links der Straße,
vorbei an Lampach, dann an
Leustetten. Schließlich knickt
der Weg links ab, nun führt
er zwischen Obstbaum-
plantagen nach *Frickingen*.
Dort halten wir uns in der
querenden Riedstraße
links. Wer allerdings ins
Zentrum will, hält sich
rechts, kehrt aber anschließend
wieder hierher zurück.

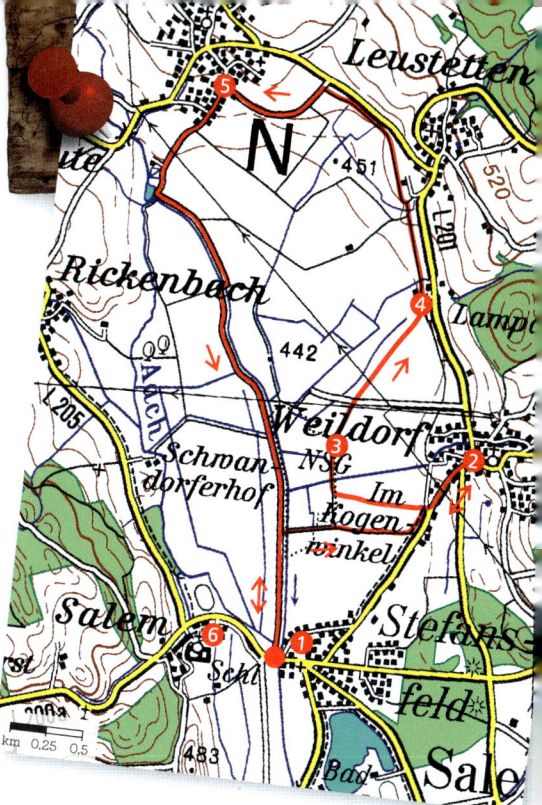

Die Kirche St. Martin in **Frickingen** ❺ besitzt noch romanisches
Mauerwerk. Die Rundbogenfriese
stammen aus der Gotik. Die Altäre, das Chorgestühl und die Kanzel
wurden Ende des 17. Jahrhunderts
im Spätbarock geschaffen. Außerdem sieht man im Ort noch einige
prächtige Wohnhäuser, die zum
Teil aus dem späten Mittelalter
stammen.

Immer geradeaus gehend verlassen
wir den Ort und kommen zur *Kläranlage*. Dort knickt der Weg links ab.
Wir wandern ständig geradeaus, am
Schluss auf bekanntem Weg, zurück
nach *Stefansfeld*.

Wer es noch nicht gemacht hat, kann
jetzt der sehenswerten Kirche in
Stefansfeld einen Besuch abstatten.
Auch das nahe Kloster Salem hat viel
zu bieten.

Blick nach Heiligenberg.

Fachwerkschmuck
in Stefansfeld.

Inmitten der reizvollen Landschaft des Linzgaus liegt **Kloster und Schloss Salem** ⑥. Im Jahr 1134 gründete der Zisterzienserorden hier in Salmansweiler – so der alte Ortsname – ein Kloster, dem die Mönche den Namen Salem, Ort des Friedens, gaben. Aus bescheidenen Anfängen entwickelte sich Salem zu einem der bedeutendsten Zisterzienserklöster Süddeutschlands. Wie kein anderes Ensemble birgt die Anlage hochgotische Eleganz, barocke Pracht, frühklassizistische Strenge und verspieltes Rokoko an einem Ort. Das repräsentative Erscheinungsbild der Klosteranlage fällt dem Besucher auch heute noch ins Auge!

Der über die Jahrhunderte erwirtschaftete Wohlstand lieferte den Mönchen die Mittel zu repräsentativen Um- und Neubauten in der Klosteranlage. Nach einem verheerenden Großbrand im Jahre 1697 entschloss man sich zum vollstän-

digen Neubau der Gebäude. Barocke Repräsentationslust hatte sich nun endgültig im Zisterzienserkloster durchgesetzt. 1802 gelangte Salem in Folge der Säkularisation an das Haus Baden und ist heute noch Wohnsitz und Weingut der Markgrafen von Baden. 1920 wurde hier die berühmte Schule Schloss Salem eingerichtet. Seit 2009 gehört der Großteil der Anlage dem Land Baden-Württemberg.

Sehenswert sind nicht nur das gotische Münster mit seinem einzigartigen Alabasterschmuck im klassizistischen Stil, sondern auch die prächtigen Innenräume des ehemaligen Klosters wie Bernhardusgang, Sommerrefektorium, Bibliothek und Kaisersaal. Wertvolle Kunstobjekte wie der berühmte Marienaltar von Bernhard Strigel sind im Klostermuseum zu sehen. Und an die vorbildlichen Brandschutzmaßnahmen der Mönche erinnert das Salemer Feuerwehrmuseum.

Tipps für unterwegs

Tüftler-Werkstatt-Museum:
www.tueftlermuseum.frickingen.de

Bodensee-Obst-Museum:
www.bodenseeobstmuseum.frickingen.de

Gerber-Museum zur Lohmühle:
www.gerbermuseum.frickingen.de

Frickinger Naturerlebnisbad Leustetten:
www.naturbad-leustetten.de

Naturerlebnispark Schlosssee Salem:
www.salem-baden.de

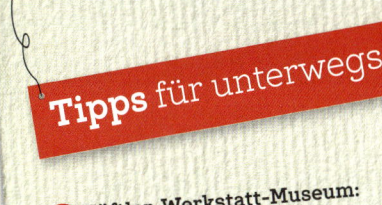

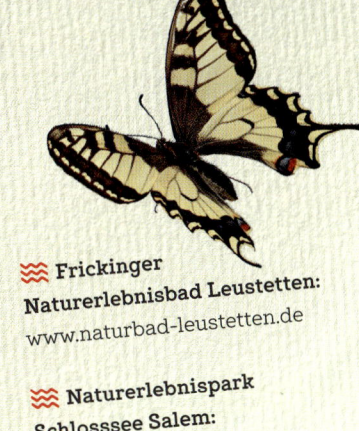

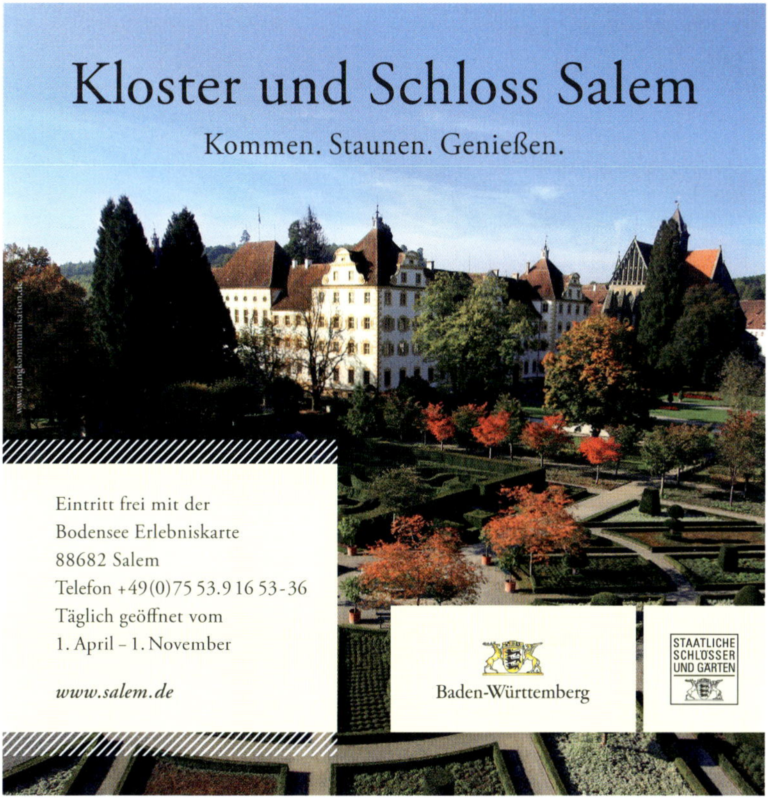

Blick über den
Bifangweiher nach
Mimmenhausen.

Von Weiher zu Weiher

Mimmenhausen/Bifangweiher – Killenweiher – Bifangweiher – Martinsweiher – Bifangweiher

Ausgangspunkt:
Salem/Mimmenhausen
(Parkplatz am Bifangweiher),
GPS-Koordinaten: 47.752945, 9.279632

Schwierigkeitsgrad: Mittel

Kurzinfo: Diese Wanderung startet am Bifangweiher, führt uns danach zum Killenweiher und dann wieder zurück zum Bifangweiher. Nach ihm kommen wir zum Martinsweiher. Alle drei Seen bieten eine idyllische, unberührt wirkende Natur. Im nahen Mimmenhausen kann man nicht nur einkehren, sondern auch prächtige Fachwerkhäuser bewundern oder ein Museum besuchen.

7 km

2 h

20 m

Mimmenhausen

Empfohlene Karte: Freizeitkarte 529 Östlicher Bodensee (LGL).

Sonstiges: Wir wandern meist auf festen Wegen, kurze Stücke sind auch unbefestigt.

Am Bifangweiher.

Wir wandern parallel zur L 201 nach Süden bis zu einem *Wanderschild*. ❶ Es weist uns nach links zum »Killenweiher«. Wir überqueren die Straße und wandern nun im Wald immer am See entlang bis zum *schmiedeeisernen Tor*, welches das Gut Killenberg abgrenzt.

Das **Gut Killenberg** ❷ liegt auf einer Halbinsel im Killenweiher, einem der 19 vom Kloster Salem angelegten Fischweiher. Ab dem 13. Jahrhundert diente es als Fischmeisterei für das Kloster Salem. 1722 kaufte es der Altarbauer und Bildhauer Joseph Anton Feucht-

mayer als Lehensgut und nutzte es als Wohnhaus und Werkstatt. Das heutige spätbarocke Gebäude wurde 1722 nach Abbruch der alten Anlage erbaut und diente als Salemer Amtshaus. Die spätgotische Kapelle wurde 1725 mit Stuckaturen versehen.

Hier biegen wir rechts ab und wandern wieder entlang des Sees zum nächsten Querweg. In ihn biegen wir links ein. Es geht immer noch am Seeufer entlang, bis zu einer Verzweigung. Hier steht ein Wanderschild mit der Bezeichnung *Am Vogelsang*. ❸ Es weist uns mit dem Wanderzeichen blaues Kreuz nach links in

An der Landstraße halten wir uns rechts und gehen entlang des *Bifangweihers* bis zu seinem Ende, wo wir am Wanderschild *Bifangweiher* ④ links abbiegen. Auch jetzt geht es eine Zeit lang entlang des *Bifangweihers*. Schließlich stoßen wir auf einen Querweg, dem wir nach rechts folgen. Nach kurzem sanftem Anstieg biegen wir vor einer *Scheune* links ab, gleich darauf am Asphaltsträßchen noch einmal. Wer jedoch nach *Mimmenhausen* will, wandert hier geradeaus weiter, kehrt aber danach wieder zu der Scheune zurück.

Gut Killenberg.

Richtung »Bifangweiher«. Nun geht es eine Zeit lang auf einem unbefestigten Weg weiter, der bei Feuchtigkeit recht matschig sein kann. Schließlich quert ein Weg. Er bringt uns nach links aus dem Wald hinaus. Wir wandern nun zwischen Wiesen und Feldern, links sehen wir noch ein schmales Stück des Killenweihers, bis zur L 201. Dass auf der Karte der markierte Wanderweg rechts abgeht, ignorieren wir.

In **Mimmenhausen** ⑤ finden wir einige sehenswerte Fachwerkhäuser aus dem 17. und 18. Jahrhundert. Die Pfarrkirche besitzt außergewöhnliche Kunstwerke wie eine beeindruckende Triumph-

kreuzgruppe aus dem Kloster Salem (1633), den um 1600 geschaffenen Kanzelkorb und verschiedene, Joseph Anton Feuchtmayer zugeschriebene Werke: Tabernakel, Taufe-Christi-Gruppe, die beiden Beichtstühle und das Grabmal für Franz Xaver Brugger. Aus der Dirr-Werkstatt stammen die beiden frühklassizistischen Grabtafeln für Feuchtmayer und Johann Georg Dirr. Dem Barockbildhauer und Stuckateur Joseph Anton Feuchtmayer ist ein Museum gewidmet.

Nach der *Scheune* geht es, vorbei am rechts oben liegenden *Hof Wegwarte*, bis vor den *Martinsweiher*. Hier gehen wir nach links und biegen nach dem Weiher noch einmal links ab.

Kurz darauf nehmen wir an der Verzweigung den Weg, der nach links hinaus in die Wiesen führt. Ihm folgen wir zurück zum *Parkplatz*.

Am Martinsweiher.

Tipps für unterwegs

👁 **Feuchtmayer-Museum in Mimmenhausen:** www.salem-baden.de

👁 **Feuerwehr-Museum im Schloss Salem:** www.salem-baden.de

👁 **Wallfahrtskirche Birnau:** www.birnau.de

👁 **Mit dem Erlebnisbus können Sie stündlich alle sehenswerten Ziele der Umgebung bequem ansteuern:** www.erlebnisbus.de

Seeblick bei der Birnau.

Tour 20

Von Birnau ins Naturschutzgebiet Seefelder Aachmündung

Birnau – Nellenflurbachtal – Mühlhofen – Unter-uhldingen – NSG Seefelder Aachmündung – Birnau

Ausgangspunkt:
Birnau (Klosterkirche, Uhldingen-
Mühlhofen, Maurach 5),
GPS-Koordinaten: 47.746318, 9.220244

Schwierigkeitsgrad: Leicht

Kurzinfo: Die barocke Klosterkirche in Birnau ist eines der bekanntesten Bauwerke am
Bodensee. Es lohnt sich, diesem Juwel einen
Besuch abzustatten. Danach wandern wir
erst durch das Tal des Nellenflurbachs. Der Rückweg führt
uns entlang des Überlinger Sees, wobei wir durch das Naturschutzgebiet Seefelder Aachmündung kommen. Wer will, kann mit einem kurzen Abstecher
sogar der Pfahlbausiedlung in Unteruhldingen einen Besuch abstatten.

Empfohlene Karte: Wanderkarte Westlicher Bodensee (LGL).

Sonstiges: Wir wandern auf festen
Wegen und Sträßchen. Wer mit der
Bahn nach Mühlhofen fährt, folgt
erst der Bahnhofstraße, dann der
Überlinger Straße bis zum Kreisverkehr und biegt dort links ab in
die Aachstraße.

Öffentliche Verkehrsmittel:
Bahn nach Uhldingen-
Mühlhofen.

7,5 km

2 h

70 m

Mühlhofen,
Birnau

121

Wir halten uns am *Parkplatz* bei der *Klosterkirche* an die Markierung blauer Balken des Prälatenwegs in Richtung »Affenberg«. Zuerst unterqueren wir auf einem Pfad die B 31 zum *Oberhof*; ➊ nach ihm geht es geradeaus weiter in den Wald. Nach einem Wegstern kommen wir zu einem querenden Weg, der mit der gelben Raute markiert ist. Hier biegen wir vor dem *Nellenflurbach* ➋ rechts ab. Nun wandern wir entlang von drei *Seen* bis *Mühlhofen*. ➌

Wallfahrtskirche Birnau.

Vor dem Ort unterqueren wir die Bahnlinie, dann wandern wir in der Tüfinger Straße bis zu einem *Kreisverkehr*. Auch hinter ihm behalten wir unsere Richtung bei. Wir gehen in der Aachstraße an der links stehenden *Kirche* vorbei, danach zieht die Straße nach rechts, später nach links. Kurz nachdem wir die *Aach* überquert haben, halten wir uns rechts in die Alte Unteruhldinger Straße. Wir gehen unter einer Straßenbrücke hindurch. Danach wandern wir geradeaus in Richtung »Pfahlbauten« weiter.

Nach dem Ort kommen wir kurz durch Wiesen, dann stoßen wir auf die ersten Häuser von *Unteruhldingen*. Wer will, kann nach links in wenigen Minuten zu den *Pfahlbauten* gehen.

Die Pfahlbausiedlung in **Unteruhldingen** ➍ wurde 1922 bis 1940 als Anschauungsobjekt errichtet. Sie weist auf Siedlungsformen der Stein- und Bronzezeit Oberschwabens und des Bodenseeraums hin (3. und 2. Jtsd. v. Chr.). Allerdings sollen die Häuser nicht, wie man

Seepartie bei Maurach.

früher vermutete, ursprünglich im Wasser gestanden sein, sondern am Ufer. Sie wurden nur durch eine Anhebung des Seespiegels versenkt. Die damaligen Bauformen wurden naturgetreu wiederhergestellt. Außerhalb des Museums wurde ein zwei Kilometer langer historischer »Zeitweg« errichtet. Er bietet mit 20 Stationen Informationen über 10 000 Jahre Landschafts- und Kulturgeschichte.

Ansonsten biegen wir am Querweg rechts ab, gehen am *Tennisplatz* vor-

bei und kommen in das *Naturschutzgebiet Seefelder Aachmündung*.

Das kleine **Naturschutzgebiet Seefelder Aachmündung** 5 geht auf den 1929 angeordneten Schutz der Aachmündung zurück. Seit seiner Erweiterung in den 1980er-Jahren ist es rund 55 Hektar groß. Geschützt werden sollen die Altarme und die Mündung der Seefelder Aach, die Flachwasserzone am Ufer, die Staudenflure am Flussufer, die Streuwiesen, die Schilfflächen und die Auwälder mit ihrem Bestand an Silberweiden. Besonderheiten der Flora sind die Gelbe Schwertlilie und der Gewöhnliche Schneeball. Schützenswerte Tiere sind unter anderem der Haubentaucher und die Tafelente.

Nun wandern wir immer geradeaus. In *Seefelden* beschreibt der Wander- und Radweg einen Links-rechts-Knick.

Die kath. Pfarrkirche St. Martin in **Seefelden** 6 stammt von etwa

Werkstatt von Joseph Anton Feuchtmayer (um 1750). Um die Kirche stehen Wohngebäude aus dem 18. Jahrhundert, darunter das so genannte Fischerhaus, ein prächtiges Fachwerkhaus, das Mesnerhaus mit Back- und Ofenhaus (um 1800, Nr. 1) und der Pfarrhof (1779, Nr. 4).

Danach kommen wir an einem Campingplatz vorbei und erreichen *Maurach*. Dort zieht der Weg nach rechts hinauf zu einer Querstraße. Wir halten uns links, zweigen gleich darauf aber rechts ab und gehen hinauf zur *Klosterkirche Birnau*.

1450. Der Turm geht auf die Hochromanik zurück. Taufstein und Kanzel wurden Ende des 17. Jahrhunderts geschaffen. Die Kirche besitzt ein Netzgewölbe aus der Spätgotik und ein Wandtabernakel. Die beiden Beichtstühle stammen aus der

Birnau ⑦ wurde bereits 1318 als Wallfahrtsstätte genannt und gehört seit 1384 zum Kloster Salem. Baubeginn der jetzigen Anlage war 1746, Baumeister war Peter Thumb,

als dessen reifstes Werk sie gilt.
Auch Joseph Anton Feuchtmayer
war maßgeblich beteiligt. Die plas-
tische Ausstattung geht teilweise
auf Johann Georg und Franz Anton
Dirr zurück. Nach der Säkularisation Salems 1804 wurde die Kirche
bis 1919 geschlossen. Der Hochaltar stammt von 1748, die »Birnauer
Madonna« von etwa 1420. Die vier
überlebensgroßen Figuren stammen von Feuchtmayer. Beeindru-
ckend sind die Stuckaturen und die
Deckenfresken. Das berühmteste
Kunstwerk aber ist sicherlich die
Figur des »Honigschleckers«, der
auf die rednerische Gabe des hl.
Bernhard hinweist.

Barockes
Kleinod:
die Birnau.

Tipps für unterwegs

👁 **Pfahlbaumuseum
Unteruhldingen:**
www.pfahlbauten.de

👁 **Auto- und Traktor-Museum
Uhldingen-Mühlhofen:**
www.autoundtraktor.museum

👁 **Tierpark und
Affenfreigehege Salem:**
www.affenberg-salem.de

🥨🛒 **Weinstube
und Weinverkauf:**
www.birnauer-oberhof.de

Im Zentrum
von Heiligenberg.

Von Heiligenberg zur Freundschaftshöhle und weiter durch die Felder

Heiligenberg – Friedwald – Freundschaftshöhle – Lärchenhof – Röhrenbach – Friedwald – Heiligenberg

Ausgangspunkt:
Heiligenberg (Betenbrunner Str. 8),
GPS-Koordinaten: 47.818967, 9.313583

Schwierigkeitsgrad: Mittel

Kurzinfo: Heiligenberg mit seinem
Schloss bietet sich zu einer Besichtigung
an; das Schloss kann vor oder nach der
Wanderung in einer Führung besucht
werden. Die Tour selbst führt uns zur
Freundschaftshöhle, die eine interessante Geschichte aufzuweisen hat. Am Anfang und am
Schluss wandern wir durch je einen Friedwald, was der Wanderung einen
eher besinnlichen Charakter gibt. Dazwischen
geht es recht flach durch eine Felderlandschaft.

8 km

3 h

120 m

Heiligenberg

Empfohlene Karte: Freizeitkarte
529 Östlicher Bodensee (LGL).

Sonstiges: Wir wandern überwiegend auf festen Wegen, kurze
Stücke auf Pfaden.

Öffentliche Verkehrsmittel: Bus.

Von dem großen *Parkplatz* aus gehen wir erst ins Zentrum von *Heiligenberg* zum *Postplatz*. Dort sollte man sich zuerst etwas umsehen.

Der Luftkurort **Heiligenberg** ❶ ist die höchstgelegene Gemeinde am Bodenseekreis. Aufgrund ihrer Höhenlage hat man von hier aus einen herrlichen Blick über den Linzgau, zum Bodensee und zu den Alpen. Auf einem steilen Bergsporn liegt das Schloss der Fürsten zu Fürstenberg, eines der wichtigsten Zeugnisse der Renaissance im Land. Es geht auf eine um 1250 erbaute Burg zurück. Die heutige Vierflügelanlage mit den Wirtschaftsgebäuden, mit dem Torhaus und dem frei stehenden Glockenturm wurde zwischen 1562 und 1604 errichtet. Beachtenswert sind die Schlosskapelle und der Festsaal (Rittersaal). Etwas Besonderes ist die holzgeschnitzte Kassettendecke mit über 1500 Köpfen, Masken, Fabelwesen und reichem Rankenwerk. Die Anlage kann besichtigt werden. Der Postplatz entstand Ende des 17. Jahrhunderts,

als die Vorhofgebäude des Schlosses erbaut wurden, und erweckt einen kleinstädtisch-bürgerlichen Eindruck. In seinem Westteil steht die 1576 erstmals erwähnte Poststation, deren Fassade mit Fresken geschmückt ist, im Osten liegt der mächtige Bau des historischen Hotels Winter bzw. de Weiss (1906) mit seinen Ecktürmchen. In der Platzmitte findet man die mächtige Gerichtslinde, die rund 800 Jahre alt ist. Der mit Skulpturen geschmückte Fürstenbrunnen daneben wurde 1914 geschaffen.

Nach links geht es zum *Schloss*. Auch wer es nicht besichtigen will, sollte den kurzen Abstecher unternehmen, denn von der Absperrung aus hat man nicht nur einen schönen Blick auf die Renaissanceanlage, sondern auch über die Obstbaumplantagen in der Tiefe bis zum Bodensee.

Am Postplatz gehen wir in Richtung »Freundschaftshöhle«, und zwar erst in die rechts nach »Pfullendorf« führende Straße, zweigen dann aber gleich links in die Hohensteinstraße ab. Ihr

Schloss Heiligenberg mit dem Bodensee im Hintergrund.

folgen wir bis zur querenden Clavel-
straße, in die wir links einbiegen.

Am Waldrand gehen wir an der
kleinen *ev. Kirche* vorbei. Im Wald
biegen wir dann gleich links ab in
den Bellevueweg. Nun wandern
wir durch den *Friedwald Heiligenberg.* ❷ Am Querweg vor der
Hangkante biegen wir rechts ab.
Kurz danach weist uns das Schild
»Wanderweg« nach links auf

Freundschaftshöhle.

einen Pfad. Nach einigen Stellen mit freier Aussicht ins Vorland
und zum Bodensee, unter anderem
vom prächtigen *Bellevueplatz* ❸,
und einem rechts stehenden großen
Holzkreuz kommen wir zu einem
Wanderschild. Nach links weist es
zur *Freundschaftshöhle* (0,1 km). Es
lohnt sich, den kurzen Abstecher zu
dieser Höhle zu machen.

Die **Freundschaftshöhle** ❹ ist
eine natürliche, jedoch später er-
weiterte Aushöhlung im Molasse-
fels, der hier an Nagelfluhgestein
erinnert. Es wird vermutet, dass
hier zeitweise Bedienstete des
Hauses Fürstenberg gewohnt ha-

ben, worauf man aufgrund der
Feuerstelle und der künstlichen
Erweiterung schließt. 1688 soll hier
sogar ein Gebäude gestanden haben. Ein Nachfolgehaus wurde erst
aufgegeben, als es 1802 im Zuge
der Schneeschmelze ins Tal zu rut-
schen drohte. König Friedrich Wilhelm von Preußen hat von hier aus
Heiligenberg »ein Stück vom Him-
melreich« genannt.

Danach gehen wir zurück und am
Wanderschild in Richtung »Altheili-
genberg« vorbei. Wir treffen wieder
auf den breiten Bellevueweg. Er
beschreibt hier eine Rechtskurve, der

Waldpartie an der Strecke.

wir, nun ohne Zeichen, folgen. Am nächsten Querweg steht etwas rechts das Wanderzeichen *Friedwald*. Hier nehmen wir den zweiten Weg (Kohlplattenweg) von links, der mit der gelben Raute in Richtung »Segelflugplatz« führt.

Bald verlassen wir den Wald und wandern am Schild *Hohenstein Waldeck Friedwald* vorbei. Nach einer Schranke vor einer mächtigen *Buche* biegen wir am Schild *Hohenstein Lärchenweg* rechts ab und wandern durch die Felder zum *Lärchenhof.* ⑤

Nach ihm halten wir uns an der querenden L 201 links. Wo links die Straße nach Buchhof abgeht, gehen wir nach rechts zum Wald. Dort wandern wir aber nicht mit dem Wanderschild nach rechts weiter, sondern ohne Zeichen geradeaus in den Wald hinein.

Bald treffen wir auf den mit der gelben Raute und dem blauen Balken markierten Wanderweg, dem wir nach links folgen. Er führt uns durch den Wald, schließlich an einer *Lourdesgrotte* ⑥ vorbei und zu einem querenden Sträßchen. Hier halten wir uns rechts.

Vorbei an einem Hof kommen wir nach *Röhrenbach*. Dort gehen wir an der Durchgangsstraße nach rechts zur *Kirche*.

Die auf die Romanik zurückgehende Pfarrkirche St. Bartholomäus in **Röhrenbach** ❼ ist die ehemalige Hauptkirche der Region. Das mit Pilastern gegliederte Glockengeschoss des romanischen Nordturms wurde 1590 in der Renaissance geschaffen. Innen sieht man ein Kruzifix und eine Marienskulptur aus der Ulmer Schule (Ende 15. Jh.). Der Taufstein stammt von 1638. Außen und innen sieht man Epitaphe von Dienstadeligen von Heiligenberg.

Vor der Kirche biegen wir mit dem Wanderzeichen rotes Kreuz links ab in Richtung »Wintersulgen«. Wir verlassen den Ort und spazieren durch die Felder bis zu einem *Wanderwegweiser* nach einem Waldstück. Er weist uns mit der gelben Raute nach rechts in Richtung »Betenbrunn Gedenkstätte Flugzeugabsturz«.

Die **Gedenkstätte Betenbrunn** erinnert an ein Flugzeugunglück: Hier stürzte am 18. März 1944 ein B-24-Bomber (»Liberator«) der US-Armee ab, nachdem er auf dem Rückflug von der Bombardierung der Industrieanlagen bei Friedrichshafen von der Flugabwehr getroffen wurde. Von der zehnköpfigen Besatzung konnten sich vier

Soldaten mit dem Fallschirm retten, sechs kamen zu Tode.

Bald wandern wir am Waldrand vorbei, dann zieht der Wiesenweg nach links vom Wald weg und bringt uns zu einem querenden Weg. Hier folgen wir dem Schild »Wanderweg« nach rechts.

Wir wandern auf den Wald zu, wo wir auf einen querenden Forstweg treffen. Hier biegen wir mit den Wanderzeichen rotes Kreuz und Jubiläumsweg Bodenseekreis rechts ab. Bald überqueren wir die Landstraße, danach wandern wir durch das Gelände des *Friedwalds Elisenruhe*. ❽ Wir folgen immer den Wanderzeichen, kommen am *Andachtsplatz* vorbei und verlassen schließlich den Wald wieder. Kurz danach sind wir am *Parkplatz*.

Tipps für unterwegs

👁 **Schloss Heiligenberg:**
www.heiligenberg.de

🛒 **Hofladen Lärchenhof:**
www.laerchenhof-hofladen.de

〰 **Heiligenberger Höhenfreibad:**
www.heiligenberg.de

〰 **Seefreibad Illmensee:**
www.illmensee.de

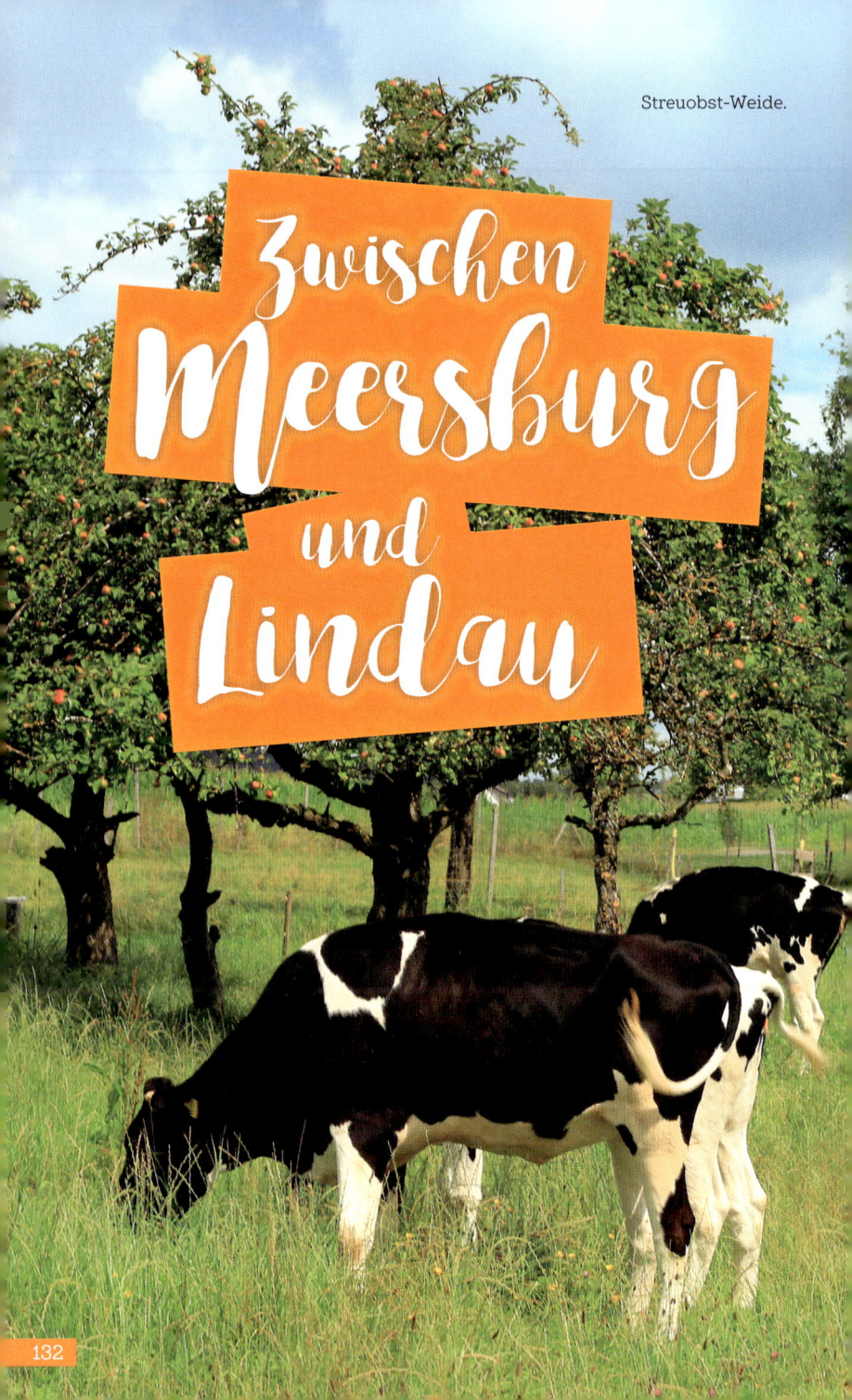

Streuobst-Weide.

Zwischen Meersburg und Lindau

Durch das Naturschutzgebiet Altweiherwiese

Tour 22

Oberteuringen – NSG Altweiherwiese – Bibruck – Reute – Lempfriedsweiler – Wammeratswatt – Oberteuringen

Ausgangspunkt:
Oberteuringen (Parkplatz gleich nach der Unterführung unter der L 329), GPS-Koordinaten: 47.725271, 9.476815

Schwierigkeitsgrad: Leicht

Kurzinfo: Wir wandern mit geringen Höhenunterschieden erst zum idyllischen Naturschutzgebiet Altweiherwiese mit seinem Riedcharakter und den markanten Bäumen. Danach geht es durch eine intensiv mit Maisanbau und Obstplantagen genutzte Landschaft in weitem Bogen zurück.

Empfohlene Karte:
Freizeitkarte 529 Östlicher Bodensee (LGL).

Sonstiges:
Wir wandern auf Sträßchen.

9 km

2,5 h

110 m

Oberteuringen

Oberteuringen wurde im 5. Jahrhundert durch die Alamannen besiedelt. Erstmals urkundlich erwähnt wurde es 752 in einer Schenkungsurkunde zugunsten des Klosters St. Gallen. Bis ins 12. Jahrhundert war das Dorf auch Gerichtsort. Bis 1413 gehörten Ort und Umgebung dem Kloster in Konstanz, danach der Stadt Ravensburg. 1810 gelangte es an das württembergische Oberamt Tettnang.

Wir folgen vom Parkplatz aus dem Sträßchen. Linksseitig sehen wir mit dem *Naturschutzgebiet Altweiherwiese* ein schönes Stück Natur mit markanten Bäumen. Bald durchqueren wir das Naturschutzgebiet, das sich nach rechts fortsetzt.

Bildstock am Wegesrand.

Im Tal des Taldorfer Baches legten Mönche aus St. Gallen im späten Mittelalter einen Weiher an. Er verlandete später und wurde Mitte des 18. Jahrhunderts trockengelegt. Bis Mitte des 20. Jahrhunderts hat man das Gebiet als Streuwiese genutzt; das Mähgut wurde in den Höfen der Umgebung als Einstreu für die Viehställe verwendet. Heute ist das rund 78 Hektar große **Naturschutzgebiet Altweiherwiese** **1** das zweitgrößte des Bodenseekreises. Es wurde vor allem ausgewiesen, um die großen zusammenhängenden Schilfbestände und die umgebenden Streuwiesen, die von Erlen und Weiden gesäumt sind, zu schützen. Sie sind Lebensraum einer reichhaltigen Tier- und Pflanzenwelt, in der Breitblättriges Wollgras, Prachtnelken, Sibirische Schwertlilien und Knabenkräuter zu finden sind. Bemerkenswert in der Tierwelt sind Baumfalken, Wasserrallen und Skabiosen-Scheckenfalter. Umgeben wird das Naturschutzgebiet vom Landschaftsschutzgebiet »Altweiherwiese und Taldorfer Bach«, einer geologisch bedeutsamen Schmelzwasserrinne der späten Würmeiszeit.

Danach steigt es etwas an nach *Bibruck*. Wir durchqueren dieses Dorf, halten uns an dem Bildstock danach links und kommen nach *Reute* **2**. Dort gehen wir nach rechts durch den Weiler hindurch. Danach zieht

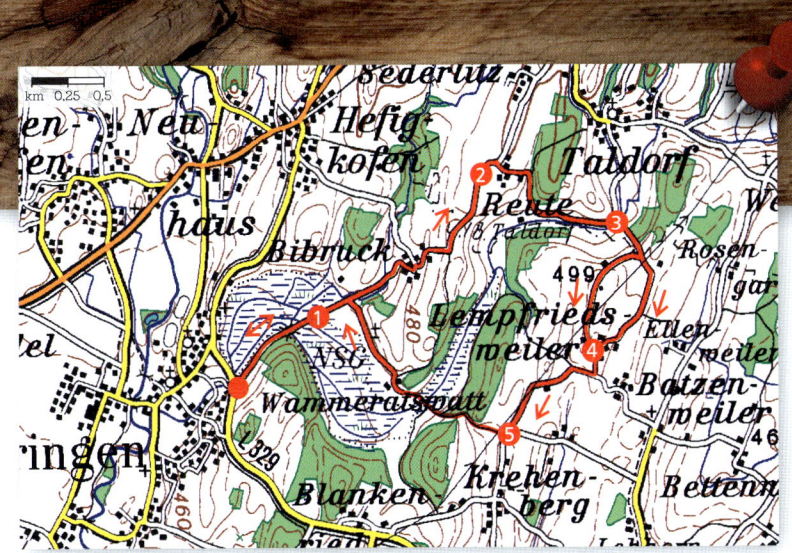

die Straße nach links, knickt dann nach dem Weiler rechts hinab und führt in ein schönes Tal.

Wir wandern in Richtung Taldorf bis zu einem querenden Sträßchen, in das wir nach rechts in Richtung »Lempfriedsweiler« einbiegen ❸. Nun steigt es an. Auf der Höhe angelangt können wir entweder den ersten rechts abgehenden Weg nehmen oder wir gehen noch kurz geradeaus weiter. Das Sträßchen zieht bald darauf nach rechts. Beide Wege bringen uns nach *Lempfriedsweiler* ❹, wo sie sich vereinigen.

Nun zieht die Straße erst nach rechts, dann zweimal nach links. Wo es links nach »Huiweiler« abgeht, biegen wir am *Wanderschild* ❺ rechts ab in Richtung »Altweiherwiese Wammeratswatt«.

Nun wandern wir immer geradeaus, am Weiler *Wammeratswatt* vorbei, bis wir auf das Sträßchen stoßen, das wir noch von Anfang her kennen. Nach links bringt es uns zurück zum *Ausgangspunkt*.

Tipps für unterwegs

👁 **Das Humpisschloss Brochenzell in Meckenbeuren:** www.meckenbeuren.de

👁 **Ravensburger Spieleland:** www.spieleland.de

🍴 **Wirtshaus im Schloss Humpis in Meckenbeuren:** www.wirtshaus-schloss.de

Am Gehrenbergrutsch.

Vom Gehrenbergturm über den Linzgaublick zum Deggenhausertalblick

Markdorf/Parkplatz bei Allerheiligen – Gehrenbergturm – Gehrenbergrutsch – Wendlingen – Schoren – Harresheim – Sturzhof – Parkplatz

Ausgangspunkt:
Markdorf (Parkplatz Gehrenbergturm, nördlich von Allerheiligen),
GPS-Koordinaten: 47.735426, 9.406882

Schwierigkeitsgrad: Mittel

Kurzinfo: Die Überschrift sagt es schon: Aussicht ist das Thema dieser Wanderung. Zuerst vom Gehrenbergturm, kurz danach vom Gehrenbergrutsch, dann von einem Stück Panoramaweg mit dem Linzgaublick und schließlich vom Deggenhausertalblick. Dazwischen wandern wir zwischen Weiden, Wiesen und durch den Wald.

Empfohlene Karte:
Freizeitkarte 529 Östlicher Bodensee (LGL).

Sonstiges: Wir wandern auf festen und auf Naturwegen, die bei Feuchtigkeit rutschig sein können.

7 km

2,5 h

170 m

Blick vom Gehrenbergturm.

Vom *Parkplatz* aus haben wir den bereits sichtbaren *Gehrenbergturm* schnell erreicht.

Der 30 Meter hohe **Gehrenbergturm** ❶ bietet eine der umfassendsten Aussichten am Bodensee auf die Alpenkette, den Obersee und den Bodenseekreis. Er wurde vom Verkehrs- und Verschönerungsverein Markdorf als »Großherzog-Friedrich-Warte« erbaut und 1903 eingeweiht, wobei ein Festzug mit 1000 Personen von Markdorf zum Turm zog. Die Kosten von 14 000 Reichsmark brachten den Verein allerdings so in Nöte, dass er den Turm nach einigen Jahren an die Stadt Markdorf verkaufen musste – obwohl er auf der Gemarkung der Gemeinde Deggenhausertal steht.

An ihm vorbei wandern wir dann mit dem Zeichen des Premiumwanderwegs der Bodensee-LandGänge zum *Gehrenbergrutsch*.

Der fast 30 Meter tiefe, beinahe senkrechte Steilabfall, der sogenannte **Gehrenbergrutsch,** ❷ entstand durch einen Erdrutsch. Er wurde durch ein außergewöhnlich starkes Erdbeben am 16. November 1911 ausgelöst. Auch heute noch rutscht Material nach. Da das Gelände nahezu unzugänglich ist, hat sich unterhalb des fast senkrechten und vegetationslosen Teils im flacheren Bereich eine Art Urlandschaft entwickelt. Hier sollte man am Steilabfall vorsichtig sein und auch gut auf Kinder achten.

Danach kommen wir in den Wald. Nach einiger Zeit auf einem schmalen Pfad erreichen wir ein *Wanderschild*, das uns nach links zum »Linzgaublick Wendlingen« verweist. Es geht hinab zu einem querenden Weg. Hier orientieren wir uns rechts. Nun wandern wir zwischen Weiden und Waldrand und mit herrlichem Blick über den Linzgau ③ bis kurz vor einen *Hof*. Hier biegen wir links ab und kommen hinab nach *Wendlingen*. ④

Dort halten wir uns an der Querstraße rechts und wandern auf dem Sträßchen bis *Schoren*. Jetzt orientieren wir uns rechts und gehen hinauf zur K 7750, der wir nach rechts durch *Harresheim* ⑤ hindurch folgen. Nach den Häusern halten wir uns links in Richtung »Sturzhof«. Wir folgen dem Sträßchen bis zum Abzweig zum *Sturzhof*. ⑥ Gleich danach biegen wir mit dem Wanderzeichen blauer Strich rechts ab.

Er bringt uns zu einem querenden Forstweg, in den wir rechts in Richtung »Gattenholz« einbiegen. Bald sind wir wieder an der Landstraße, die uns nach links zum *Ausgangspunkt* bringt.

Der Gehrenbergturm steht am Waldesrand.

Tipps für unterwegs

◉ **Historische Stadt Markdorf:**
www.markdorf.de

◉ **Fachwerkgebäude in Bermatingen:**
www.bermatingen.de

◉ **Spätmittelalterliches Wohnquartier in Ravensburg:**
www.museum-humpis-quartier.de

≋ **Therme in Meersburg:**
www.meersburg-therme.de

Blick über Hagnau
zum Bodensee.

Bodenseeblick von der Wilhelmshöhe

Hagnau/Sportplatz – Frenkenbach – Hagnau – Wilhelmshöhe – Sportplatz

Ausgangspunkt:
Hagnau (Sportplatz an der K 7746/
Ittendorfer Straße nördlich des Ortes),
GPS-Koordinaten: 47.682530, 9.322699

Schwierigkeitsgrad: Leicht

Kurzinfo: Sehenswert bei dieser Wanderung sind sowohl Hagnau mit einigen interessanten Gebäuden und seiner Kirche sowie das bescheidene Kirchlein in Frenkenbach. Ein weiterer Höhepunkt der Tour ist der Blick von der Wilhelmshöhe auf Hagnau und den Bodensee. Die Wanderung verläuft zwischen Baumwiesen und Weinbergen, wobei die Obstbäume im Frühjahr eine herrliche Blüte zeigen und die Weinberge im Herbst ein farbenprächtiges Bild abgeben. Wer will, macht während der Wanderung noch einen Abstecher nach Kippenhausen.

Empfohlene Karte: Freizeitkarte 529 Östlicher Bodensee (LGL).

Sonstiges: Wir wandern auf festen Wegen und Sträßchen. Unterwegs kommt man an zahlreichen Infotafeln eines Lehrpfads vorbei. Vom Abzweig nach Kippenhausen und zurück sind es etwa zwei Kilometer und 30 Höhenmeter. Nimmt man den Abstecher nach Hagnau, kommen noch etwa 40 Höhenmeter dazu.

Öffentliche Verkehrsmittel: Bus bis Hagnau.

6,5 km

2 h

70 m

Hagnau, Kippenhausen

Wir gehen vom *Sportplatz* aus auf der Landstraße nach Norden zum Wald. Dort folgen wir dem Wanderzeichen rotes Kreuz nach rechts in den Wald. Nach dem Wald wandern wir noch kurz durch die Baumwiesen bis nach rechts das Sträßchen nach Frenkenbach abgeht.

Wer will, besucht jetzt aber Kippenhausen, das nicht nur sehenswerte Baulichkeiten aufzuweisen hat, sondern wo man auch einkehren kann. Dazu geht man geradeaus weiter, stößt auf die Landstraße K 7782, der man nach *Kippenhausen* hinein folgt.

Die 1275 genannte Pfarrkirche von **Kippenhausen** ❶ geht auf das späte Mittelalter zurück und wurde 1710 unter Abt Sebastian Hyller vom Kloster Weingarten umgebaut; der Turm stammt vielleicht noch aus dem 13. Jahrhundert. An der Decke sind Stuckreliefs angebracht. Der Hauptaltar wurde 1710 geschaffen, die Nebenaltäre aus Stuckmarmor 1730 und Ende des 16. Jahrhunderts. Sehenswert sind auch die Malereien an den Chorwänden (um 1750). Eine Seltenheit sind die aus Eisenblech geschnittenen und bemalten Blumensträuße in den Sockelnischen des Hauptaltars. Das vor der Kirche stehende Fachwerk-Pfarrhaus besitzt ein Walmdach und stammt aus dem 18. Jahrhundert.

Danach kehren wir wieder zu dem erwähnten Abzweig zurück und halten uns jetzt links. Das Sträßchen fällt etwas und bringt uns nach *Frenkenbach*. Dort steigt es wieder an zur *Kirche*.

Die Kirche St. Othmar und St. Oswald in der um 800 gegründeten Ansiedlung **Frenkenbach** ❷ ist eine gut erhaltene, aus Bruchsteinen gemauerte und mit Fugenstrich verzierte spätromanische Chorturmkirche aus dem 12. Jahrhundert, vielleicht eine ehemalige Wehrkirche. Im Volksmund wird sie auch »Frenkenbacher Dom« genannt. Innen sieht man eine Balkendecke, die im Stil der Erbauungszeit nachgearbeitet wurde. Das Kruzifix wurde um 1400 geschaffen, die hl. Anna selbdritt im 17. Jahrhundert.

Wir gehen links an der Kirche geradeaus weiter und kommen zum *Ortsschild* von Hagnau. Hier biegen wir rechts ab. An der gleich darauf folgenden Verzweigung nach dem Hof müssen wir uns entscheiden: Wer nach Hagnau ins Zentrum will – man kann den Ort natürlich nach der Wanderung auch separat aufsuchen – hält sich links. Nach etwas Bergab stoßen wir auf die querende Ittendorfer Straße, die uns nach links zur B 31 bringt. Hinter ihr liegt das Zentrum von *Hagnau*.

St. Othmar und Oswald in Frenkenbach.

Die kath. Pfarrkirche St. Johann in **Hagnau** ❸ geht auf die Romanik zurück. Auch der 48 Meter hohe spätgotische Turm besitzt noch romanische Reste im Untergeschoss. Später wurde die Kirche barockisiert, besitzt aber neugotische Altäre von 1876. Am nördlichen Seitenaltar steht eine Marienfigur aus dem Multscher-Umkreis (um 1460). Hinter dem Altar befindet sich ein Heiliges Grab mit einer lebensgroßen Christusfigur. Im südlichen Seitenaltar sieht man eine Figur des hl. Sebastian von Christoph Daniel Schenck (1681/82). Die gotische thronende Muttergottes im Langhaus stammt aus dem 14. Jahrhundert und wurde im Barock überarbeitet. Sehenswert sind noch die große Pietà im Langhaus (15. Jh.), die beiden dreisitzigen Chorgestühle (1675), Beichtstuhl und Kanzel aus der Spätrenaissance, die Prozessionsstangen (um 1700), das Epi-

Nichts als Weinberge und See.

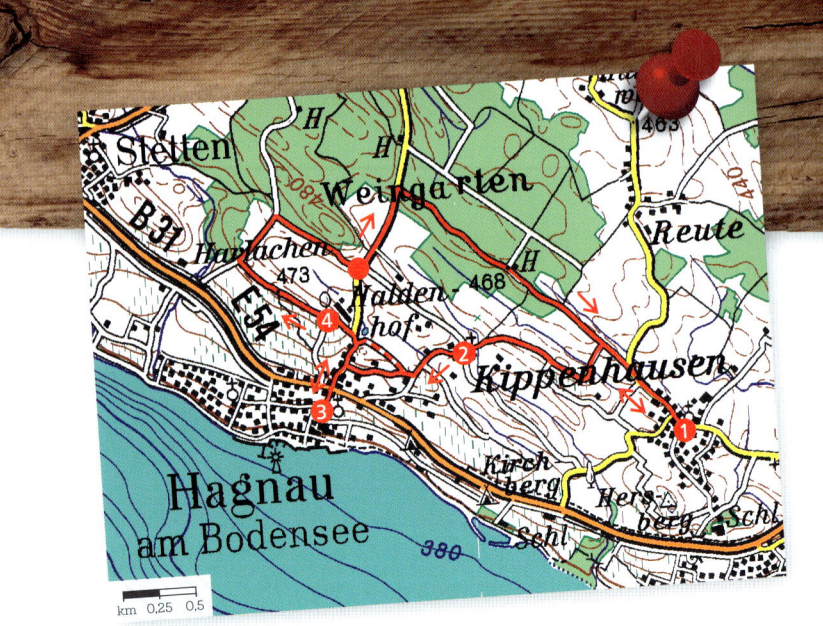

taph (1573) und die Grabplatten an der Außenwand (um 1800). An der südöstlichen Ecke des Kirchhofes steht seit 1881 eine Kapelle zu Ehren des hl. Wendelin. Die 84 Meter lange ehemalige Hofmeisterei der Abtei Weingarten, heute Rathaus, wurde 1711 bis 1714 erbaut. Der Salemer Pfleghof/Salmansweiler Hof wurde in seiner heutigen Form 1568 auf den Resten der ehemaligen Burg mit Buckelquadern gemauert. Das Hotel Löwen, einst Amtshaus der Ortsherrschaft (1596), ist an seiner Außenseite mit zwei Wappen der Klöster Einsiedeln und Weingarten geschmückt. Sehenswert sind noch der Hof des Klosters Schussenried (1742), der Hof des Klosters Irsee (etwa 1740), das Zehnthaus des Konstanzer Spitals (17. Jh.) sowie

verschiedene Wohnbauten aus dem 15./16. Jahrhundert, beispielsweise in der Dr.-Zimmermann-Straße, Hansjakobstraße und Seestraße.

Zurück folgen wir der Ittendorfer Straße, bis es vor einem *Gewerbeanwesen* links zur »Wilhelmshöhe« abzweigt.

Wer nicht nach Hagnau will, nimmt an der Verzweigung nach dem Hof den rechten Weg. Er bringt uns mit einem Linksknick am Schluss zur K 7746 (Ittendorfer Straße). Etwas nach rechts versetzt geht vor dem *Gewerbeanwesen* der Weg zur »Wilhelmshöhe« ab. Es steigt etwas an, dann kommen wir zur *Wilhelmshöhe*.

Die **Wilhelmshöhe** ❹ beim Wasserbehälter ist ein etwas erhöter

Bootsstege
in Hagnau.

Platz mit einem Kruzifix, der von mächtigen Bäumen umstanden ist. Von hier aus hat man über die Weinberge hinweg einen prächtigen Blick über Hagnau und den Bodensee auf die Schweizer Alpen; rechts ist der Bodanrück mit Konstanz zu sehen. Eine große Tafel erklärt, was man sieht, einschließlich der Alpengipfel.

Nachdem wir die Aussicht bewundert haben, wandern wir geradeaus weiter durch die Weinberge. Am Querweg vor dem Wald biegen wir rechts ab, kurz danach noch einmal. Parallel zum Wald wandern wir nun zurück zum *Ausgangspunkt*.

Tipps für unterwegs

👁 **Spielzeugmuseum in Hagnau:**
www.puppen-und-spielzeugmuseum.de

👁 **Burg Meersburg:**
www.meersburg.com

🛒 **Apfelhof in Kippenhausen, Verkauf von Obst, Apfelsaft, Bränden und Likören:**
www.apfelhof-bodensee.de

〰 **Naturstrandbad Hagnau:**
www.freizeit-bodensee.com

Äpfel, soweit das Auge reicht.

Durch die Obstbaum-plantagen um Ailingen

Tour 25

Ailingen – Lochenried – Lindenholz – Wirgetswiesen – Krehenberg – Ailingen

Ausgangspunkt:
Ailingen (Rathaus/Feuerwehrhaus, Hauptstr. 2),
GPS-Koordinaten: 47.688481, 9.490336.

12 km

3 h

120 m

Schwierigkeitsgrad: Mittel

Kurzinfo: Selten sieht man so viele Obstbaum-plantagen auf engstem Raum wie in der Land-schaft um den Bodensee. Durch sie wandern wir bei diesem Touren-Vorschlag.
Wir starten in Ailingen und gehen erst hoch zu einer Kapelle, von der wir einen weiten Blick über die Landschaft haben. Danach führt uns die Tour durch die Wiesen- und Obstplantagenlandschaft.

Empfohlene Karte: Freizeitkarte 529 Östlicher Bodensee (LGL).

Sonstiges: Wir wandern auf festen Wegen und Pfaden.

Öffentliche Verkehrsmittel: Bahn.

Wir folgen kurz der Straße in Richtung »Oberteuringen«, zweigen aber gleich danach rechts ab in die Heiliggasse. Nun spazieren wir leicht bergauf bis zum Ortsende, dort biegen wir rechts ab in den Hügelweg. Er bringt uns hinaus in die Baumwiesen. Auf dem Höhenrücken sehen wir rechts die *Haldenbergkapelle*.

Vom **Haldenberg** ❶ aus hat man eine prächtige Aussicht. Die Haldenbergkapelle verdankt ihr Entstehen einem Unglück. 1892 kam der vierjährige Johann Eberle in der Reinachmühle durch einen Unglücksfall ums Leben. Zu seinem Andenken wurde die Kapelle im Stil der Neugotik auf dem Gelände der Mühle errichtet. Die private Kapelle wurde dann der Gemeinde Ailingen als Gedenkstätte für die Toten des Ersten Weltkrieges geschenkt, 1919 abgetragen und auf dem Haldenberg wieder aufgebaut.

Ausgedehnte Obstplantagen bei Ailingen.

Wir biegen links ab und wandern über die Höfe *Höhle* und *Lochenried* nach *Lindenholz*. Hier halten wir uns an der Landstraße links, dann gleich rechts in Richtung »Wirgetswiesen«. Es geht kurz am Wald entlang, dann orientieren wir uns rechts, danach gleich links und kommen zu einem Asphaltweg. Hier biegen wir rechts ab und wandern durch die Ansiedlung *Wirgetswiesen*. Danach treffen wir auf den mit dem blauen Punkt markierten Wanderweg. Er bringt uns nach links nach *Krehenberg*. **2**

Dort biegen wir an der Kreuzung links ab und wandern zurück in Richtung »Ailingen«. Wir überqueren die Landstraße, wandern an einem Waldstück entlang, dann durch die Obstbaumplantagen zurück zum *Ausgangspunkt*.

Tipps für unterwegs

👁 **Schulmuseum in Friedrichshafen:**
www.friedrichshafen.de

〰 **Wellenfreibad in Ailingen:**
www.friedrichshafen.de

Ausflug durch
die Hopfengärten.

Über die Holzbrücke ins Eriskircher Ried

Tour 26

Eriskirch – Oberbaumgarten – Friedrichshafen – Eriskircher Ried – Eriskirch

Ausgangspunkt:
Eriskirch (Naturschutzzentrum
im Bahnhof, Bahnhofstraße),
GPS-Koordinaten: 47.628421, 9.527037

Schwierigkeitsgrad: Leicht

Kurzinfo: Zuerst wandern wir zwischen
Obstbaumplantagen und Hopfenfeldern
zu einer gedeckten Holzbrücke, danach
ein Stück im Wald. Der Rückweg führt
uns durch das Naturschutzgebiet Eriskircher Ried.

Empfohlene Karte: Freizeitkarte 529
Östlicher Bodensee (LGL).

Sonstiges: Wir wandern auf festen Wegen.

Grillmöglichkeiten:
Hinter der Holzbrücke
bei Oberbaumgarten.

**Öffentliche
Verkehrsmittel:**
Bahn.

↔ 10 km

🕐 2,5 h

▲ 60 m

🍴 Eriskirch

Im Eriskircher Ried.

Wir gehen vom *Naturschutzzentrum* im ehemaligen Bahnhofsgebäude aus in der Bahnhofstraße bis zur querenden Schussenstraße. Hier sehen wir rechts die gedeckte *Holzbrücke* **1** von Eriskirch, etwas weiter nach rechts käme man zur *Kirche* **2** (s. Tour 27).

Wir biegen aber links ab in Richtung »Oberbaumgarten«. Kurz danach überqueren wir die Friedrichshafener Straße und gehen in der Baumgartner Straße durch *Tannösch* hindurch. Bald verlassen wir den Ort und wandern zwischen Obstbaumplantagen, Feldern und Hopfenkulturen. Es geht am *Schoppenhof*, danach an *Unterbaumgarten* vorbei, bis wir *Oberbaumgarten* **3** erreichen.

Am Wanderschild am Dorfrand biegen wir links ab. Zuerst können wir aber nach rechts einen kurzen Abstecher zu der gedeckten *Holzbrücke* machen, die jener in Eriskirch ähnelt. Hinter ihr finden wir auch einen Rastplatz mit Grillstellen.

Die gedeckte **Holzbrücke** **4** von Oberbaumgarten wurde 1824 errichtet. Sie steht vermutlich in Zusammenhang mit der Straße zur ehemaligen Burg Baumgarten, die in unmittelbarer Nähe stand. Zum Unterhalt der Brücke erhielt die Gemeinde Eriskirch vom Königreich Württemberg den vier Hek-

Gedeckte Holzbrücke in Eriskirch.

tar großen Bruckenwald im nahe liegenden Seewald.

Die **Burg Baumgarten** entstand um 1180 wohl aus einem befestigten Bauernhof. Sie wurde von verschiedenen Dienstmannengeschlechtern der Staufer bewohnt und stand in Verbindung zum benachbarten Eichstegen-Löwental. Zu der Burg gehörten Besitzungen in der Umgebung. 1271 wurde sie an den Konstanzer Bischof verkauft. Dieser konnte 1301 durch Tausch den Besitz westlich der Schussen erweitern; Anfang des 14. Jahrhunderts eignete sich Graf Hugo III. von Montfort zu Tettnang den größten Teil der östlich der Schussen gelegenen Güter der Burg und Herrschaft Baumgarten an. Heute sind nur ganz wenige Mauerbruchstücke in einem kleinen Hain, etwa 100 Meter nördlich der Holzbrücke, erhalten.

Danach gehen wir zurück zum *Wanderschild* und geradeaus weiter. Der Weg bringt uns mit dem Wanderzeichen roter Balken (HW 4) in den Wald, wo wir unsere Richtung beibehalten. Schließlich erreichen wir am Ende des Waldes eine querende Asphaltstraße. Wir biegen links ab und unterqueren die B 31. Kurz danach liegt links die *Kläranlage* **5**, hier orientieren wir uns am Schild »Wanderweg« und dem roten Balken rechts in Richtung »Don-Bosco-Heim«. Vor der Bahnlinie unterqueren wir die Straße. Gleich danach, noch vor dem Wohngebiet, weist uns das Schild »Wanderweg« nach links hinauf zur Straße. Oben halten wir

uns links und wandern auf Friedrichshafen zu.

Wir überqueren die Bahnlinie, danach werden wir nach links hinab verwiesen. Dort folgen wir der Seewiesenstraße. Wo an der nächsten Verzweigung links der Kretzerweg abgeht, halten wir uns rechts. Ab jetzt wandern wir mit dem roten Balken (HW 9) und dem Zeichen des Bodensee-Rundwegs immer geradeaus durch das *Eriskircher Ried* ⑥ (s. Tour 27), vorbei und durch die Riedwiesen und Auenwälder. Ab und zu bekommen wir den Bodensee zu Gesicht, ansonsten rechts des Weges große Schilfflächen, links Wiesen. Einmal geht es auch nach rechts hinaus zu einer *Aussichtsplattform*. ⑦

Wo ein Wanderschild zum ersten Mal nach links zum »Naturschutzzentrum (0,8 km)« verweist, gehen wir noch geradeaus weiter. Etwas später kommen wir zu einem querenden Weg bei einem kleinen Platz mit einem kleinen *Flurkreuz* ⑧.

Hier geht es geradeaus weiter zum »Freibad« bzw. zu einem »freien Strandzugang (0,6 km)«. Wer dort nicht hin möchte, biegt links ab. Am Ortsrand von *Eriskirch* überqueren wir die Bahnlinie. Gleich nach ihr orientieren wir uns links und kommen zurück zum *Naturschutzzentrum*. Eine (kostenlose) Besichtigung empfiehlt sich.

Im **Naturschutzzentrum Eriskirch**, ⑨ das seit 1994 im ehemaligen Bahnhofsgebäude untergebracht

Beeindruckende Fresken in der Kirche Maria Himmelfahrt in Eriskirch.

ist, sieht man außer Wechselausstellungen auch eine Dauerausstellung. Sie bietet gute Eindrücke von der Natur des Bodensees und natürlich des Eriskircher Rieds. Ein dreidimensionales Modell zeigt einen Einblick in die Unterwasserlandschaft des Bodensees, außerdem informieren naturgetreu gestaltete Schaukästen über die Flora und Fauna des Gebiets. In einem Aquarium kann man die Fische des Bodensees betrachten. So gibt es auch für Kinder viel zu sehen und zu erleben.

Tipps für unterwegs

👁 **Naturschutz-zentrum Eriskirch:**
www.naturschutz.landbw.de

👁 **Zeppelin-Museum Friedrichshafen:**
www.zeppelin-museum.de

〰 **Strandbäder in Friedrichshafen:**
www.friedrichshafen.de

〰 **Strandbad:**
www.eriskirch.de

Schloss Montfort
in Langenargen.

Tour 27

Von Langenargen nach Eriskirch

Langenargen – Schloss Montfort – Eriskircher Ried – Eriskirch – Gmünd – Langenargen

Ausgangspunkt:
Langenargen (Bahnhof, Amthausstraße),
GPS-Koordinaten: 47.599095, 9.545933

Schwierigkeitsgrad: Leicht

Kurzinfo: Als Erstes sollten wir uns bei dieser Wanderung in Langenargen etwas umsehen, denn wir wandern direkt durch das Zentrum. Das Seeschloss Montfort in Langenargen steht an einer markanten Stelle, direkt am Bodensee auf einer ehemaligen Insel. Auch sonst gibt es im Ort mit dem Hafen, der Kirche und den historischen Gebäuden einiges zu sehen. Danach wandern wir durch das naturkundlich bedeutsame Eriskircher Ried nach Eriskirch, wo wir das Naturschutzzentrum oder in der Kirche sehenswerte Fresken bewundern können.

11 km

3 h

50 m

Langenargen, Eriskirch

Empfohlene Karte: Freizeitkarte 529 Östlicher Bodensee (LGL).

Sonstiges: Wir wandern auf festen Wegen. Im Sommer gibt es verschiedene Bademöglichkeiten. Einen Ausweichparkplatz findet man an der Kabelhängebrücke an der Straße nach Kressbronn (Lindauer Str. 141, GPS 47.596639, 9.560440). Dann wandert man auf der Durchgangsstraße L 334 (Lindauer Straße) in den Ort hinein und nimmt an der Verzweigung die rechte Eisenbahnstraße, die zum Bahnhof führt.

Öffentliche Verkehrsmittel:
Bahn.

Vom *Bahnhof* aus spaziert man in der Bahnhofstraße zur Oberen Seestraße, wo man sich rechts hält. Wir kommen nun durch das *Zentrum*, am *Hafen* und der *Kirche* sowie am links liegenden *Schloss Montfort* vorbei.

Das Schloss Montfort in **Langenargen** ❶ wurde 1861 bis 1866 in einer gotisch-maurischen Stilmischung unter König Wilhelm I. und Thronfolger Karl als königlicher Sommersitz errichtet und diente dann 30 Jahre lang Prinzessin Luise von Preußen als Sommersitz. Das Kavalierhaus (ab 1866) am Rand des Schlossparks ist architektonisch auf das Schloss bezogen. Die barocke Kirche wurde 1718 bis 1720 erbaut. Innen sieht man unter anderem schönen Stuck, einen prächtigen Hochaltar (Mitte 18. Jh.), eine spätgotische Madonna, sehenswerte Deckenfresken und Seitenaltäre. In der Marienkapelle (1728) kann man 15 prächtige Rosenkranzmedaillons aus der Nachfolge Hans Zürns bewundern. Sehenswert in Langenargen sind beispielsweise noch das Hospital zum Heiligen Geist (15. Jh.), das Rathaus (17. Jh.), das historisierende Zollhaus am Hafen und der montfortische Amtshof (16. Jh.).

Zwischen Kirche und Schloss folgen wir dem Zeichen des Bodensee-Wanderwegs, das uns in der Unteren Seestraße aus dem lang gestreckten Langenargen hinausführt.

Schließlich wandern wir nach den Häusern durch ein Waldstück. Dort biegen wir rechts ab in die Schussenstraße, halten uns aber gleich links und spazieren an der *Gärtnerei* vorbei. Danach sehen wir links des Weges die Schussen kurz vor ihrer Mündung in den Bodensee. Anschließend überqueren wir auf einer *Brücke* die Schussen nach links und wandern erst durch ein Waldstück, dann durch die Streuwiesen mit den markanten Bäumen durch das *Eriskircher Ried*.

Das **Eriskircher Ried** ❷ ist eines der bedeutendsten Naturschutzgebiete am Bodensee. Es verdankt

Im Hafen von Langenargen.

seine Entstehung der Schussen, die hier seit Jahrtausenden Schlamm ablagert und ein Flussdelta erschuf. Ihre vom Fluss abgeschnittenen Altarme bieten einer Vielzahl von Pflanzen und Tieren Lebensraum. Das botanische Wahrzeichen des Rieds ist die Sibirische Schwertlilie »Iris sibirica«, die man nirgendwo im Land so reich blühend findet wie hier, insbesondere beim Strandbad. Sie blüht von Mitte Mai bis Mitte Juni und verwandelt die Riedwiesen in ein blaues Blütenmeer.

Schließlich treffen wir nach einer Schranke auf ein Sträßchen. Es führt nach links zum nahe liegenden *Freibad*, wir folgen ihm aber nach rechts. Nach einer Links- und einer scharfen Rechtskurve überqueren wir die Bahnlinie. Gleich nach ihr kann man nach links einen Abstecher zum *Naturschutzzentrum* ❸ (s. Tour 26) machen.

Ansonsten wandern wir in der Riedstraße auf die Kirche von *Eriskirch* zu.

Alpenblick am See.

Kirche Maria Himmelfahrt in Eriskirch.

linken Seitenaltar wurde Mitte des 14. Jahrhunderts im sogenannten weichen Stil geschaffen. Das Vesperbild stammt von etwa 1660, das gotische Sakramentshäuschen aus dem 14. Jahrhundert, die Kanzel ist barock. Das außergewöhnlich große Pfarrhaus stammt aus dem 16. Jahrhundert. Am Rathaus sieht man ein farbenprächtiges Wappen.

Vor der Kirche nehmen wir die nach links ziehende Schussenstraße. An der nächsten Kreuzung biegen wir rechts ab in die Brückenstraße. Nun überqueren wir die *Schussen* auf der gedeckten *Holzbrücke*.

Die Pfarr- und ehemalige Wallfahrtskirche in **Eriskirch** 4 wurde um 1400 erbaut und ist mit bedeutenden Kunstwerken des »Meisters von Eriskirch« ausgestattet. Eine Marienwallfahrt hierher wurde bereits im 13. Jahrhundert bezeugt und gehört zu den ältesten Wallfahrten Südwestdeutschlands. 1870 und 1933 wurden die bedeutenden gotischen Wandfresken (15. Jh.) wiederentdeckt. Sie sind eines der wenigen Beispiele einer vollständigen gotischen Ausmalung in Deutschland. Eine Besonderheit darunter ist die Hostienmühle. Die Glasgemälde im Chor wurden 1408 von Heinrich von Montfort gestiftet. Die Madonna auf dem

Die gedeckte **Holzbrücke** 5 über die Schussen wurde 1828 erbaut. »Ihre Fundamente stehen auf je 96 Holzpfählen, welche am 13. Februar 1828 geschlagen wurden«, steht in einer privaten Chronik zu lesen. Die Schussen war früher die Grenze zwischen den seit 1810 bestehenden Gemeinden Eriskirch und Oberdorf, zuvor die Grenze zwischen der Reichsstadt Buchhorn und der Grafschaft Montfort zu Tettnang. Diese Stelle wurde aber bereits vor der Errichtung der Brücke genannt, denn laut Pfarrchronik von Eriskirch kenterte hier am Osterdienstag 1733 beim Übersetzen eine Fähre mit über 30 Personen auf der wohl vom Schneeschmelzwasser angestiegenen Schussen.

Nach der Holzbrücke biegen wir rechts ab in den Schwediweg. Er führt uns erst parallel zur Schussen, dann zieht er nach links. Kurz nachdem uns die Eisenbahngleise begleiten, erreichen wir *Gmünd*. Wir durchqueren diese Ansiedlung und kommen nach ihr in den Wald. Nach ihm wandern wir durch ein Gewerbegebiet. Vor den Wohnhäusern zieht die Straße nach links. An der vorfahrtsberechtigten Straße halten wir uns rechts. Nach kurzem Bergauf biegen wir rechts ab in den Geh- und Radweg.

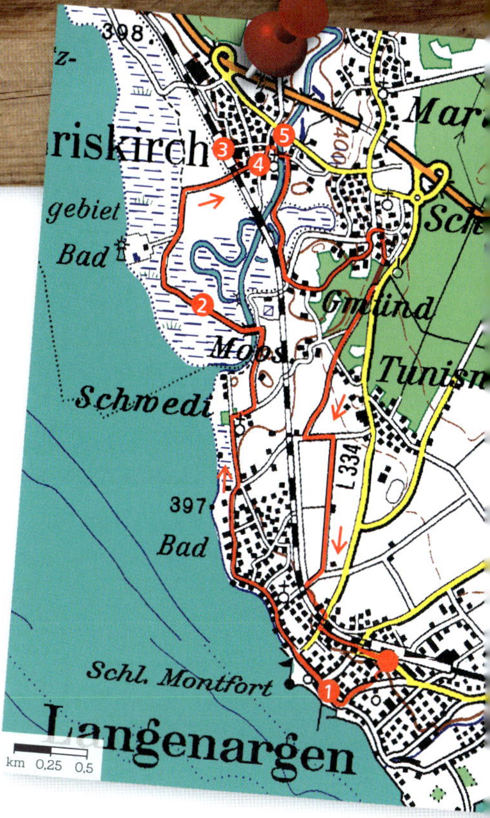

Wir durchqueren ein Waldstück, danach treffen wir auf die L 334. Hier zweigen wir mit dem Radwegschild nach »Langenargen« rechts ab. Wir ignorieren den rechts abgehenden Weg und spazieren bis zu einem Querweg, wo es nicht mehr geradeaus weitergeht.

Wir halten uns links, dann gleich wieder rechts und kommen zum nächsten Querweg. Hier biegen wir rechts ab in die Friedhofstraße. Vor der Bahnlinie orientieren wir uns links und wandern erst auf einem schmalen Weg zur querenden Fried-

richshafener Straße. Dort halten wir uns rechts, danach links in die Eisenbahnstraße, auf der wir zurück zum *Bahnhof* wandern.

Tipps für unterwegs

👁 **Sehenswerte Stadt Lindau:**
www.lindau.de

〰 **Strandbad Langenargen:**
www.langenargen.de

Die berühmte
Kabelhängebrücke
über die Argen.

Tour 28

Von der Kabelhängebrücke entlang der Argen zum See

Kabelhängebrücke – Langenargen – Schloss Montfort – Oberdorf – Kabelhängebrücke

Ausgangspunkt:
Langenargen (Kabelhängebrücke,
Lindauer Str. 141),
GPS-Koordinaten: 47.596644, 9.560509.

Schwierigkeitsgrad: Mittel

Kurzinfo: Das Seeschloss Montfort in Langenargen steht an einer markanten Stelle direkt am Bodensee. Auch sonst gibt es im Ort mit dem Hafen, der Kirche und historischen Gebäuden einiges

- 11 km
- 3 h
- 20 m
- Langenargen

zu sehen. Auch der Ausgangspunkt, die Kabelhängebrücke, ist ein sehenswertes Bauwerk. Dazwischen führt uns der Weg durch Obstbaumplantagen und entlang der Argen.

Empfohlene Karte: Freizeitkarte 529 Östlicher Bodensee (LGL).

Sonstiges: Wir wandern auf festen Wegen. Wer mit öffentlichen Verkehrsmitteln kommt, startet am Bahnhof. Von hier aus folgt man der Bahnhofstraße in Richtung Zentrum und Bodensee bis zur Oberen Seestraße.

Öffentliche Verkehrsmittel: Bahn.

Auf der südlichen Seite der *Kabelhängebrücke* an der L 334 folgt man mit dem Zeichen blauer Strich der *Argen* auf ihrer rechten Seite.

Die **Kabelhängebrücke** 1 ist die älteste Brücke ihrer Art in Deutschland. Sie wurde 1896/97 erbaut und am 25. Januar 1898 dem Verkehr übergeben. Ihre Spannweite zwischen den Pylonen beträgt 72 Meter. Entwurf und Ausführung lagen bei der Maschinenfabrik Esslingen. Man fand sie so gut gelungen, dass man sie auf der Weltausstellung in Paris 1900 vorstellte und feiern ließ. Mit anwesend war der Schweizer Othmar Ammann, der später die über 1000 Meter weit gespannte George-Washington-Brücke in New York geplant und gebaut hat und Berater bei der Golden-Gate-Brücke in San Francisco (Spannweite 1281 m) war.

An einer *Fußgängerhängebrücke* 2 biegen wir rechts ab in Richtung »Langenargen Eriskirch«. Nach dem links liegenden Hafen halten wir uns links bis zur nächsten Straße, biegen rechts und gleich darauf mit dem Zeichen des Bodensee-Wanderwegs links ab in Richtung »Fußweg zur Malerecke«.

An der *Malerecke* erreicht man den See, der eine wunderschöne Aussicht zu den Bergen bietet. Hier halten wir uns rechts und wandern nach *Langenargen* hinein. Wir treffen auf die Obere Seestraße, der wir nach links folgen. Vorbei an der Strandpromenade, den alten Häusern rechts und dem Hafen wandern wir zu *Kirche* und *Schloss* (s. Tour 27). 3 Zwischen Kirche und Schloss folgen wir weiter dem Bodensee-Wanderweg, nun in der Unteren Seestraße, durch den lang gestreckten Ort.

Rast am See.

Schließlich biegen wir rechts ab in die Friedhofsstraße und wandern aus Langenargen hinaus. An der nächsten Verzweigung halten wir uns rechts, wandern am Parkplatz vorbei und überqueren die Friedrichshafener Straße. Dahinter gehen wir bis zu einem querenden Feldweg, halten uns rechts, dann gleich wieder links und wandern bis vor die B 31.

Es geht etwas nach links, dann unterqueren wir die Bundesstraße und halten uns rechts nach *Oberdorf*. **4**

Wir durchwandern diesen Ort, bis wir auf die *Argen* stoßen. Vor dem Fluss biegen wir rechts ab und wandern entlang der Argen bis zur *Kabelhängebrücke*.

Tipps für unterwegs

◎ Mit den Ausflugsdampfern der Weißen Flotte den Bodensee erkunden:
www.bsb-online.com

◎ Historische Stadtführungen in Langenargen:
www.langenargen.de

Bodensee-Obst
allerorten.

Aussicht von der Kapelle

Tour 29

Kressbronn – Gattnau – Kreuz – Arensweiler –
Antoniuskapelle – Selmnau – Hattnau –
Hege – Nonnenhorn – Kressbronn

Ausgangspunkt:
Kressbronn (Parkplatz Festhalle,
Untermühleweg 5),
GPS-Koordinaten: 47.595913, 9.602166

Schwierigkeitsgrad: Mittel

Kurzinfo: Bei dieser Wanderung steigen
wir zuerst hinauf auf die Höhen hinter
dem Bodensee, von wo wir nicht nur
einen prächtigen Blick auf den See,
sondern auch auf die Schweizer und
österreichischen Alpen haben. Der Rückweg verläuft
auf der Uferstraße, die ab und zu einen Zugang zum See
bietet.

Empfohlene Karte: Freizeitkarte 529
Östlicher Bodensee (LGL).

Sonstiges: Wir wandern meist auf festen Wegen
und Sträßchen. Der Rückweg verläuft teilweise
auf der Uferstraße. Auf dieser Strecke muss mit
lebhaftem Fahrradverkehr
gerechnet werden.

Öffentliche Verkehrsmittel:
Bahn. Dann beginnt man die Tour
am Bahnhof Kressbronn, an dem man
auf dem Rückweg wieder vorbeikommt.

8 km
2,5 h
130 m
Nonnenhorn, Kressbronn

Wir folgen am Parkplatz hinter der *Festhalle* dem vom See wegführenden Weg, als Zeichen orientieren wir uns am Jubiläumsweg Bodenseekreis und am blauen Balken. Kurz danach geht es auf Stufen hinauf zu einer *Schule*, danach geradeaus weiter zu einer querenden Straße. Hier biegen wir rechts ab in Richtung »Gattnau« und folgen der Straße durch das *Wohngebiet*.

An der Verzweigung nach den Häusern und vor der Mittelmühle biegen wir links ab (»Gattnau«). Es geht hinauf bis zu einer *Kreuzung* vor den Obstbaumplantagen, von der wir nach Gattnau sehen können.

Die Pfarrkirche in **Gattnau** ❶ wurde schon vor 1437 erwähnt und 1788 bis 1793 nach Plänen von Johann Thumb neu errichtet. Die Renovierung um 1903 führte zum heutigen Aussehen des Baues. Das benachbarte Pfarrhaus wurde 1726 errichtet.

Wir biegen aber rechts ab in Richtung »Obermühle Arensweiler«. Jetzt wandern wir auf einem Schotterweg entlang der Obstplantagen. Bald stoßen wir auf ein querendes Sträßchen, wo wir unter einem mächtigen Baum ein großes *Kreuz* ❷ sehen. Nach rechts ginge es hinab zur Obermühle, wir halten uns aber links in Richtung »Poppis«, biegen jedoch gleich darauf rechts ab in Richtung »Antoniuskapelle«. Auch jetzt wandern wir durch die Obstbaumplantagen. Bald haben wir nach rechts einen herrlichen Blick auf den See und die Schweizer und österreichischen Alpen im Hintergrund. ❸

Blick übern See
auf die Schweizer Alpen.

Bald geht es hinab; wir wandern auf einem Asphaltweg zu einem Sackgassenschild und biegen links ab. Gleich darauf halten wir uns rechts in ein Sträßchen. Wir wandern an *Haus Nr. 3* vorbei. Wo die Straße vor den Häusern nach links in Richtung »Poppis« zieht, gehen wir geradeaus nach *Arensweiler* hinein. Am Ende der Straße biegen wir in Richtung »Antoniuskapelle« rechts ab.

Nun geht es durch die Obstbaumplantagen hinab. Nach ihnen zieht der Weg nach links, dann knickt er rechts ab zu einer *Brücke*. Wir kommen in den Wald und steigen auf einem Pfad an zu einem breiten Forstweg. Er bringt uns nach rechts zum Waldrand. Gleich nach dem Wald werden wir nach rechts verwie-

sen. Bald treffen wir nach den Obstbäumen auf einen festen Weg, dem wir zur *Antoniuskapelle* folgen.

Die erst hölzerne **Antoniuskapelle** ④ wurde 1492 als »Unser lieben Frauen, Und St. Anthonj Bildt, In der Kapellen Uf dem Berg zue Selmnau« erstmals erwähnt. 1696 haben der Pfarrer und der Oberamtmann von Wasserburg den heutigen Steinbau errichten lassen. Das Wappen gehört den ehemaligen Landesherren Fugger von Kirchberg und Weißenhorn zu Babenhausen. Innen sieht man kleine Figuren der 14 Nothelfer, die von einem Bregenzer Meister um 1700 geschaffen wurden.

Rechts der Antoniuskapelle folgen wir dem abwärts führenden Sträßchen in Richtung »Kressbronn Non-

nenhorn« nach *Selmnau*. Wir gehen geradeaus in Richtung »Hattnau« und durch dieses Dorf hindurch.

In *Hattnau* ⑤ halten wir uns an der Kreuzung rechts in Richtung »Wasserburg«. An der Linkskurve der Straße gehen wir geradeaus weiter in Richtung »Hege Nonnenhorn«. Ein gutes Stück nach dem Ort knickt der Weg rechts ab. Er zieht gleich darauf nach links, unterquert die Landstraße, kreuzt etwas später die Bahnlinie und bringt uns kurz vorm *Strandbad Nonnenhorn* zum Uferweg. In ihn biegen wir rechts ein.

Aussicht von der Kapelle | **Tour 29**

Wer nun Lust hat, sich ein wenig in Nonnenhorn **6** umzusehen, sollte hier die »Seestraße« hinuntergehen. *Strandbad Nonnenhorn, Kurpark* und der Landungssteg laden zum Verweilen ein.

Wir kommen der »Uferstraße« folgend an der *Uferanlage am Nonnenstein* vorbei, danach erreichen wir den Ortsrand von *Kressbronn*. **7** Bald liegt links der *Seegarten*. Nach ihm und *Haus Nr. 47* zieht die Straße nach rechts. Wer will, kann gleich darauf dem nach links weisenden Schild zum »Strandbad« folgen. Ansonsten spazieren wir weiter leicht aufwärts. Links liegt bald das

Museum Galerie Lände. Etwas später geht es nach links zum *Bahnhof*. **8** Wer dort startet, geht parallel zu den Schienen nach Osten hierher. Wir spazieren aber jetzt geradeaus weiter in Richtung »Festhalle«. An der *Ampel* biegen wir links ab, etwas später sehen wir rechts die moderne *Festhalle*. Wir gehen über den Vorplatz, links an der Festhalle vorbei und erreichen wieder unseren *Parkplatz*.

Tipps für unterwegs

◉ **Kulturdenkmal »Ehemaliger Bauern- und Schultheißenhof«:**
www.kressbronn.de

◉ **Museum im Schlössle mit historischen Schiffsmodellen:**
www.kressbronn.de

◉ **Zauberhafter Luftkurort:**
www.wasserburg-bodensee.de

♋ **Park-Café in Kressbronn:**
www.kressbronn.de

〰 **Naturstrandbad Kressbronn:**
www.kressbronn.de

〰 **Strandbad Nonnenhorn:**
www.nonnenhorn.eu

〰 **Freibad in Wasserburg:**
www.wasserburg-bodensee.de

Die Antoniuskapelle bei Selmnau.

Am Degersee.

Tour 30

Rund um zwei Seen im Hopfenland

Degersee – Hörbolz – Wettis – Nitzenweiler – Schleinsee – Degersee

Ausgangspunkt:
Degersee (Parkplatz Strandbad),
GPS-Koordinaten: 47.613511, 9.654261

....

Schwierigkeitsgrad: Leicht

....

Kurzinfo: Dass wir uns im Tettnanger
Hopfenland bewegen, merken wir an den
Hopfenkulturen, an denen wir auf dieser
Wanderung immer wieder vorbeikom-
men. Landschaftliche Höhepunkte der
Wanderung sind aber sicher die beiden
Seen Schleinsee und Degersee. Während der Schleinsee mit seiner Kirche eine
interessante Geschichte aufzuweisen hat, besitzt der Degersee
ein Strandbad. Dass ein Teil der Tour auf für den Autoverkehr
freigegebenen Sträßchen verläuft, ist angesichts der idyllischen Landschaft zu verschmerzen.

....

Empfohlene Karte: Freizeitkarte
529 Östlicher Bodensee (LGL).

....

Sonstiges: Wir wan-
dern auf Sträßchen
und Naturwegen.

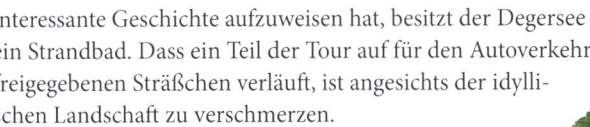

7 km

2 h

110 m

Nitzenweiler,
Degersee

Am Schleinsee.

Vom *Parkplatz* am Strandbad gehen wir zur Staatsstraße St 2375 und folgen ihr nach rechts. Nach dem rechts liegenden See geht es an einem Wald entlang bis *Hörbolzmühle*. **1** Dort biegen wir rechts ab. Wir durchwandern *Hörbolz*, **2** ignorieren das nach links abzweigende Sträßchen und spazieren nach *Wettis*.

Nach dieser Ansiedlung kommen wir in den Wald, durch den wir rechts den Degersee schimmern sehen. Im Wald noch zweigt links ein mit dem Wanderzeichen blauer Balken markierter Waldweg ab. **3** Ihm folgen wir, erst durch den Wald hindurch, dann zwischen Wiesen zu den ersten Häusern von *Nitzenweiler*. **4** Wir gehen geradeaus weiter zur querenden Landstraße und halten uns dort rechts. Bald sehen wir rechts den *Schleinsee* und den Hof mit der Kirche.

Die gesamte Seenlandschaft hier in der Gegend verdankt ihre Entstehung der letzten Eiszeit. Als der Rheingletscher schmolz, hinterließ er eine große Zahl von Moorweihern, von denen viele mittlerweile verlandet sind oder trocken gelegt wurden. Der etwa 700 Meter lange, 250 Meter breite und bis zu 10,5 Meter tiefe **Schleinsee** **5** wurde in den 1930er-Jahren vom Seenforschungsinstitut in Langenargen wissenschaftlich untersucht. Deshalb genießt er auch eine ge-

wisse Berühmtheit. Durch die Auswertung der Bohrkerne gewann man wertvolle Erkenntnisse, denn in den Sedimenten konnten alle wichtigen geologischen Ereignisse seit der letzten Eiszeit, beispielsweise der Vulkanismus in der Eifel, nachgewiesen werden. Die Barockkapelle der kleinen Ansiedlung bietet zusammen mit dem Kaplaneihaus einen idyllischen Anblick. Die Kapelle wurde von dem in Schleinsee geborenen Melchior Sauter, Geistlicher Rat und Dekan des Landkapitels Wasserburg, gestiftet und 1737 fertiggestellt. Sie besitzt drei schöne Altäre aus der Erbauungszeit. Sehenswert ist auch das 1904 im ländlichen Jugendstil erstellte Bauernhaus in der Nähe. Es besitzt ein prächtiges Portal, darüber ein dreiteiliges und säulengefasstes Fenster aus farbigem Glas.

Wir durchqueren die Ansiedlung *Schleinsee*, danach kommen wir zu einem rechts abgehenden Weg, der mit einer Schranke gesichert ist. Dort biegen wir rechts ab und wandern mit dem blauen Punkt am Waldrand entlang durch das *Naturschutzgebiet*. ❻ Schließlich kommen wir in den Wald und erreichen nach einem Linksknick ein Sträßchen. Wir halten uns links, gleich nach dem Wald rechts.

Bald wandern wir an *Busenhaus* vorbei, danach führt uns die Straße oberhalb des Degersees zu *Strandbad*, ❼ *Gastwirtschaft* und *Parkplatz*.

Tipps für unterwegs

👁 **Maislabyrinth in Nitzenweiler:**
www.maisabenteuer.de

👁 🍽 **Hopfenmuseum mit Laden und Gaststätte in Tettnang:**
www.hopfengut.de

☕ **Hof-Café:**
www.schleinsee.de

🛒 **Hofläden in Tettnang:**
www.tettnang.de

〰 **Naturbadestrand Degersee:**
www.bodensee-top-sites.de